爱上科学
Science

科学之美

改变世界的前沿科学漫谈

墨
Micius
Salon

墨子沙龙　朱燕南　潘杜若　＿＿＿＿　编著

人民邮电出版社
北京

图书在版编目（ＣＩＰ）数据

科学之美：改变世界的前沿科学漫谈 / 墨子沙龙，
朱燕南，潘杜若编著. -- 北京：人民邮电出版社，
2023.4
（爱上科学）
ISBN 978-7-115-57698-9

Ⅰ. ①科… Ⅱ. ①墨… ②朱… ③潘… Ⅲ. ①科学知
识－普及读物 Ⅳ. ①Z228

中国版本图书馆CIP数据核字(2021)第209904号

◆ 编　著　墨子沙龙　朱燕南　潘杜若
责任编辑　胡玉婷
责任印制　陈　犇
◆ 人民邮电出版社出版发行　　北京市丰台区成寿寺路 11 号
邮编　100164　　电子邮件　315@ptpress.com.cn
网址　https://www.ptpress.com.cn
北京宝隆世纪印刷有限公司印刷
◆ 开本：690×970　1/16
印张：13.25　　　　　　2023 年 4 月第 1 版
字数：199 千字　　　　 2024 年 11 月北京第 4 次印刷

定价：139.80 元

读者服务热线：(010)81055493　印装质量热线：(010)81055316
反盗版热线：(010)81055315
广告经营许可证：京东市监广登字 20170147 号

内容提要

　　本书是"墨子沙龙"过去几年的讲座内容精选，共分为6个部分，分别为：科学·思考·畅想、走进量子世界、探寻未知世界、新材料和新技术、生命科学的意义、科学与人生。

　　即便相距千年时空，远隔万里重洋，人们都会不约而同地选择踏上探索科学的道路。在本书中，读者将了解科学家探索科学的动机是什么；量子计算与经典计算有何不同，量子计算强大的计算能力从何而来；现代生物学如何解释生与死；为什么要了解生物的结构；什么是引力波，引力波天文学将带给我们什么……对于这些深刻而充满诱惑力的问题，书中的科学家们将向读者分享他们的思考，这些科学家中包含诺贝尔奖获得者、沃尔夫奖获得者、科学突破奖获得者等。

　　本书既有对前沿科学问题的探讨，又充满了科学家对科学人生的思索，非常适合对科学感兴趣的读者阅读。

推荐序

　　潘建伟院士是一位顶级科学家，他不仅在量子科学领域做出了原创性的杰出贡献，还是一位极其优秀的科学传播者。

　　建伟努力做科普。他把开展科普工作看作自己义不容辞的责任，舍得下功夫、花时间，他的科普对象既有各领域专家也有中小学生。建伟曾说，自己只要在上海就一定会主持墨子沙龙的科普活动。每个月利用一个周末的下午，花两个多小时全身心地投入一场高质量的科普活动，和嘉宾、公众一起讨论，对建伟而言，这是一件令他身心愉悦的事情，是一种优雅的生活方式。他尤其喜欢在活动中见到青少年，在主持讨论时喜欢优先让青少年提问。建伟相信，让青少年与智者进行思想碰撞，会在青少年的心里播下科学的火种，启发他们思考生命的意义，进而影响他们的人生。

　　建伟善于做科普。他所从事的量子领域的研究非常抽象，外行很难懂。但他有本事用通俗易懂的方式和生动有趣的比喻把复杂的事情说简单、把原理说清楚，并让人回味无穷、产生兴趣。其实这是不容易的。10年前，我曾听过他介绍量子科学的科普报告，听完后我还是懵懵懂懂，全场百余人只有几个人表示听懂了。前不久，我再次听他做相似内容的报告，感觉已经可以轻松跟上他演讲的思路，听得很明白了。可见，为了提高科普报告的效果，他是下了大功夫的。当然，建伟之所以能把科普做得那么好，与他对科学的深刻理解和他优秀的人文素养都是分不开的。

　　2016年，建伟在上海创办"墨子沙龙"公益科普论坛，每月请一位科学家做前沿科学报告。现在，这个论坛越办越好，影响越来越大，受到了科学界与公众的广泛认同和欢迎。这个论坛之所以成功，不仅因为邀请的报告者都是相关领域的顶尖科学家，更因为论坛提倡和培育的良好会风。专家们每次报告后都留有足够的时间让听众提出问题或者质疑，双方可以展开充分的自由讨论甚至争论，让理性的质疑态度和批判的科学精神得到弘扬。

　　本书是"墨子沙龙"创办以来的报告精选集，收录的文章不仅综述了某一前沿科学领域的最新进展，而且详细介绍了这些成果是怎么一步一步取得的，让人能够充分感受科学的魅力，从中体会科学的精神、思想和方法。书中的文章把读者引向了广袤的宇宙空间，读者从这些文章中可以窥见精微的物质构成，可以学习神秘的生命语言，也可以了解我是谁、从哪里来、将往哪里去等哲学层面的议题。阅读这本书，读者不仅可以更好地学习和理解科学，还能够进一步开阔视野、洞察世界、理解生命，让自己多获得一份豁达、从容和自由，从而让人生更加美好。

韩启德

中国科学院院士

中国科学技术协会名誉主席

前言

科学是现代人类文明的核心组成元素，不仅能带来生产力的提高，还能使人类获得思想的解放。培根说过，知识的力量不仅取决于其本身价值的大小，更取决于它是否被传播，以及传播的深度和广度。

"拉近科学、科学家与普通公众的距离，点亮青少年心中对科学的向往"，怀着这样一个简单的想法，"墨子沙龙"在潘建伟院士的倡议、中国科学技术大学上海研究院的支持下于2016年成立。以"墨子"命名是因为墨子是中国的科圣，他的很多思想和成就是我国早期科学萌芽的体现，我们希望由此告诉大家，科学之精神同样是我国古老而璀璨文明的一部分。

"墨子沙龙"成立以来，我们邀请到了许多优秀的科学家，举办了百余场讲座，让大众尤其是青少年可以近距离接触中国乃至国际上最顶尖的科学家，真正地了解前沿科学是怎样产生的，以及科学家是如何工作的。从百余场讲座中，我们遴选了部分精彩报告并进行整理、编辑，最终集结成册，便有了本书。20位顶尖学者的思想和科学感悟凝聚其中，他们之中不乏诺贝尔奖、沃尔夫奖、科学突破奖、墨子量子奖等重要奖项的获得者。

在本书中，读者可以和科学家共同来一次诗意的畅想：跨越千年时空、万里重洋，人们不约而同地选择去探索科学，他们探索的动机是什么？意识何以从物质中涌现，而且是以几种截然不同的形式。

　　读者还可以通过本书跟随科学家进入量子世界，了解神奇的量子现象、深邃的量子原理与前沿的量子科技，了解量子计算与经典计算有什么不同以及它强大的计算能力从何而来，了解量子通信能带给我们什么及现在发展到什么阶段。此外，书中还有关于中微子、暗物质、引力波的未知世界等着我们去探寻；超导材料、"液体阳光"、机器大脑等新材料、新技术等着大家去研究；生如夏花之绚烂，死如秋叶之静美，生命的奥秘需要我们细心去感受……

　　承蒙人民邮电出版社的青睐和支持，这些内容有机会与更多读者见面。年幼的爱因斯坦喜欢阅读科普书籍，书中的内容使他认识到："外面的世界多么广阔，它独立于人的思想存在，在我们面前展开一个巨大、永恒的谜团，而至少其中有一部分我们可以去考察、研究和思索。对这个世界的深思让我们有望摆脱束缚，而且我很快发现，许多我尊敬和景仰的人都投身于其中并获得了内心的自由和安宁。"

　　我们希望，阅读本书之后，您会有同样的感受。

墨子沙龙

目 录

9

Part 01

墨子沙龙
MICIUS SALON

墨子沙龙

墨子

科学·思考·畅想

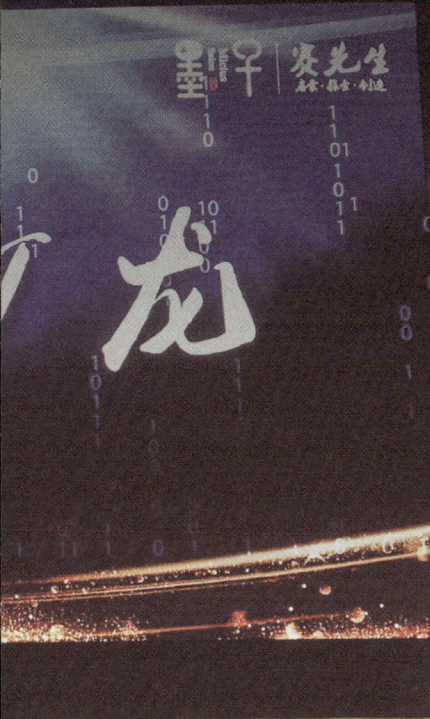

"奇特新脑"：
意识从物质中产生的几种形式

弗兰克·维尔切克

弗兰克·维尔切克于 1951 年 5 月出生于美国纽约市，1970 年在芝加哥大学获得数学学士学位。在芝加哥大学的最后一年里，维尔切克接触了当时蓬勃发展的粒子物理的新思想。在普林斯顿大学接受一年半的研究生教育之后，维尔切克由数学专业转到了物理学专业，师从戴维·格罗斯并获得了博士学位。目前，维尔切克是麻省理工学院物理学教授、上海交通大学李政道研究所所长、维尔切克量子中心首席科学家、美国亚利桑那州立大学特聘教授，以及瑞典斯德哥尔摩大学教授。

维尔切克是当今非常有创造力的理论物理学家之一，在粒子物理学、宇宙学、统计物理学以及凝聚态物理学方面都做出了大量开创性贡献。他目前的研究重点包括轴子、任意子和时间晶体等。因发现强相互作用理论中的渐近自由，维尔切克与戴维·格罗斯、戴维·普利策分享了 2004 年的诺贝尔物理学奖。

维尔切克还是一位优秀的科普作家，著有《美丽之问》《奇妙的现实》《存在之轻》等广受好评的科普作品。

（以下内容整理自弗兰克·维尔切克 2019 年在"墨子沙龙"上发表的演讲）

　　本文的主题不仅是目前物理学前沿的大问题，也是哲学前沿的大问题：意识是如何从物质中产生的？

　　大多数科学家，包括研究人类大脑的神经生物学家，都假设意识确实是从物质中产生的。因此，对大脑的全面理解有助于我们了解人类是如何思考的。另外，我们也逐渐意识到，信息应该被视为是物理的。因为信息和思想不仅可以在大脑中产生，而且可以在其他种类的物质，甚至是在与人类大脑不太相似的物质中产生。所有这些都表明，意识可以从物质中涌现，甚至能以几种截然不同的形式涌现。这正是本文标题"奇特新脑"的由来。

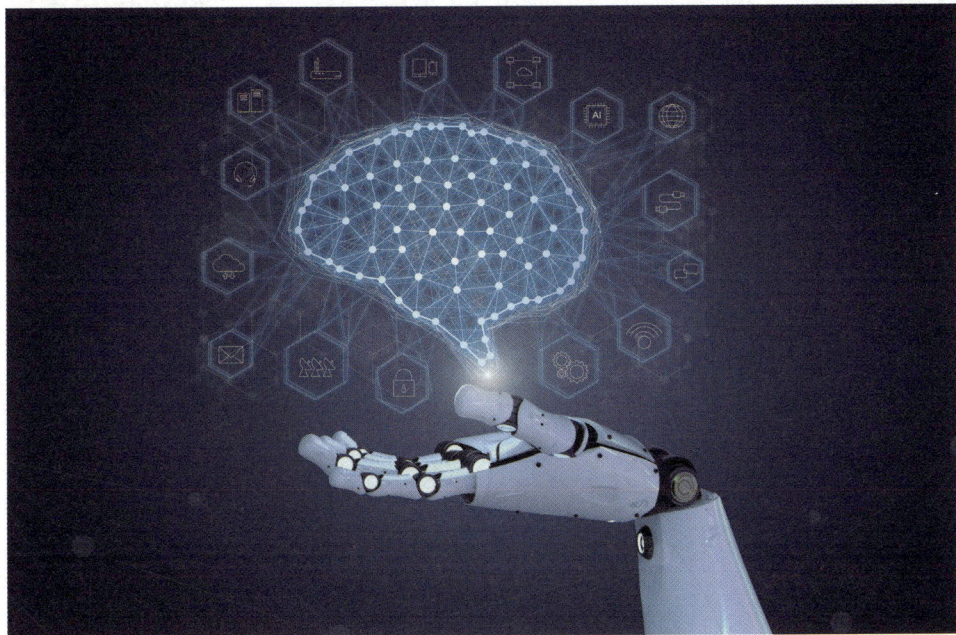

● 奇特新脑：意识如何从物质中产生

第一种"奇特新脑"：电子计算机

　　我们要讨论的第一种"奇特新脑"是大家比较熟悉的，也是后面将要谈论的技术中最为成熟的一个——电子计算机。电子计算机技术带来了这样一种观点——

意识能够以人们现在非常熟悉的、切切实实的形式，从物质中涌现出来。我们知道电子计算机所做的一切，包括计算机进行的某些与智能实体的行为相似的"行为"，都是基于大量对0和1的操作。我们确切地知道这个"奇特新脑"是如何工作的，因为是我们创造了它们。

● 比特：0 和 1

信息可以通过符号来表示，一般意义上的信息都能够以0和1来表示。这一理解可以追溯至19世纪英国的一位数学家和哲学家乔治·布尔，他写了一本著名的书——《思维的法则》。信息可以通过符号来表示，这类朴素的想法早在莱布尼茨甚至亚里士多德时期就已经出现了。但是，布尔用科学的方法对其进行了阐释。布尔的核心想法可以简单表述为：思维中的一个理性过程是逻辑演绎。布尔认为，我们可以用"1"来表示一个陈述为"真"（正确），用"0"来表示一个陈述为"假"（错误），然后就可以依据系统的法则，对这些"0"和"1"

进行操作，得到新的陈述和新的推论。

例如，如果陈述A是真的，那么就用"1"来表示；如果陈述B也是真的，也用"1"来表示。如果陈述"A且B"（A∧B）是真的，那么也应该用"1"来表示；如果陈述"A或B"（A∨B）也是真的，就同样用"1"来表示。如果陈述"非A"（¬A）是假的，就用"0"来表示。用"0"和"1"进行逻辑演绎的规则，叫作"布尔代数"。

A	B	A∧B	A∨B
0	0	0	0
1	0	0	1
0	1	0	1
1	1	1	1

A	¬A
0	1
1	0

● 布尔代数中的真值表

受此启发，也受工业对实用计算技术需求的刺激，查尔斯·巴贝奇与阿达·洛夫莱斯密切合作，设计了一台更通用的机器，并称之为"分析机"。在某种意义上，阿达·洛夫莱斯是世界上第一位计算机程序员。

发明分析机将"信息是物理的"这一想法，从概念阶段及乔治·布尔的符号表示阶段，发展到机械操作阶段。这台机器不同部件的设置几乎没有来回切换的开关。这台机器通过机械操作来执行逻辑法则，或者说来模拟思考的过程。

艾伦·图灵继承了洛夫莱斯和巴贝奇从这台特殊的机器（按照今天的标准，这台机器又小又难用）中发展出来的想法，并使它更加抽象了。图灵试图"捕获"所有的思想形式，而不仅仅局限于数学计算或逻辑推理。在运算方面，人们可以想到的一切都可以用"0"和"1"来实现。例如，你可以用"0"和"1"来编码一幅图像：用一个有很多"0"和"1"的二进制数来描述光的强度。然后，操纵"0"和"1"，可以生成不同颜色和光强的新图像。你可以处理文本，也可以实现很多超越布尔和洛夫莱斯所设想的逻辑和数学计算的事情。

这里需要强调的一点是，尽管图灵是一个理论家，他的架构只是"符号式"的，但是这个架构非常清晰。这台被称作"图灵机"的思想机器的每一步操作都非常清楚。因此，如果你想制造一台能"思考"的机器，你可以把图灵机当作"说明书"。

非常重要的是，图灵提出了令人信服的论据，而且其他人也从不同的角度探究了这一问题。虽然他们提出的执行"思考"的方案很不同，但所有这些方案都被证明可以用图灵机来实现。因此，人们普遍接受了下述想法：任何能完成图灵所提出的操作的机器，只要其速度足够快、规模足够大，就能做任何大脑能做的事情。这样的机器被称为通用计算机。

一种具有思考能力的通用机器，这听上去非常强大。但是，必须在此强调一个非常重要的物理问题，也是一个非常重要的哲学问题，很多喜欢挑战权威和质疑一切的年轻人可能会提出这种问题，那就是——任何可以计算的东西，任何可以思考的东西，任何可以在物理世界中实现的东西，真的都可以用图灵机来完成吗？

这是一个深刻的问题。我们至今不知道问题的确切答案。

克劳德·香农是麻省理工学院的教授，他把故事推进到下一阶段。

香农不是以机械齿轮和曲柄或者纯粹的符号来实现布尔和图灵曾经想要实现的想法的，而是采用了更现代化的电子电路技术，我们称之为"逻辑门"。逻辑门依靠电路的输入和输出可以快速地进行逻辑运算。

与门（AND）		
A	**B**	输出
0	**0**	0
0	**1**	0
1	**0**	0
1	**1**	1

或门（OR）		
A	**B**	输出
0	**0**	0
0	**1**	1
1	**0**	1
1	**1**	1

异或门（XOR）		
A	**B**	输出
0	**0**	0
0	**1**	1
1	**0**	1
1	**1**	0

与非门（NAND）		
A	**B**	输出
0	**0**	1
0	**1**	1
1	**0**	1
1	**1**	0

或非门（NOR）		
A	**B**	输出
0	**0**	1
0	**1**	0
1	**0**	0
1	**1**	0

同或门（XNOR）		
A	**B**	输出
0	**0**	1
0	**1**	0
1	**0**	0
1	**1**	1

● **常见的逻辑门**

　　在一个非常常见的实验中，"真"以高电压表示，"假"以低电压表示。你在"（逻辑）门"的一端输入（高/低）两个电压，经由一个设计合理的电路，对输入进行布尔代数运算，再在另一端输出运算后的结果。如果你想表示逻辑"与"，那就要实现：当且仅当两个输入都是高电压时，你的输出才是高电压。这样，可以通过设计电路在物理上实现一个布尔代数问题。实际的电路相当复杂，如果你学习过电子工程或者计算机科学课程，就会知道如何设计这些电路。

　　香农的博士论文就是基于能够实际执行这些操作的电路设计的。请看下面这个例子，这是一个表示"非"的逻辑电路。如果你在左面的输入端输入一个高电压，那么低电压就会从右边的输出端输出；而如果你在输入端输入一个低电压，那么高电压则会从输出端输出。

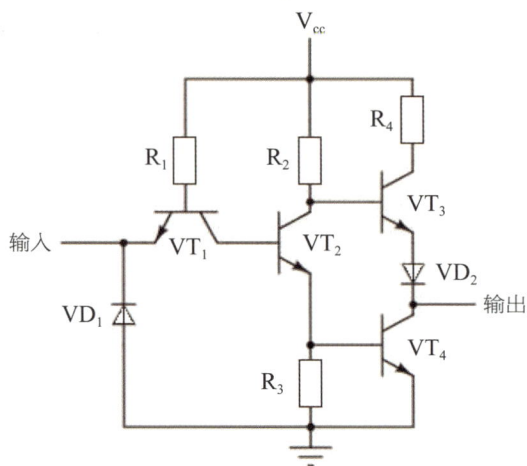

● 电子逻辑门"非"

　　实际上，这些想法是在二十世纪四十年代第一次被整合实现的。在晶体管带来变革之前，计算机是基于电子管的。我父亲是一名电子技师，在工作中经常处理老式的收音机和电视机。小时候，我家里到处是这种电子管，我也因此慢慢开始了解并喜欢上了它们。

8

● 电子管

但是，按照现代标准，电子管的体积太大了。与现代的计算机芯片相比，电子管要大得多，而且一枚电子管只代表一个逻辑门的一个元件。此外，它们的发热现象也很严重，工作状态并不稳定。虽然有诸多不足，但第一台电子计算机就是基于电子管发明的。

现代计算机时代开始于晶体管和集成电路的发明。利用它们，你可以在一个很小很小的地方放置很多很多的逻辑门。到了二十世纪七十年代，IBM生产出著名的360系统，这一系统是基于晶体管和更复杂的电子学设计，并且使用磁盘作为存储器的，虽然它的体积仍然很大。在此之后的很长一段时间内，这是一项占据主导地位且非常实用的技术。

如今，在一枚芯片上就可以实现曾经需要占据整整一个房间的仪器才能实现的功能，且这个芯片可能只有拇指这么大。由此我们可以看到，由于物理学和工程技术的进步，现在我们可以在一个很小的物体里实现很多很多的逻辑门，就是这些逻辑门为你的手机、笔记本电脑的运行提供基础，让这些现代计算设备和许多工业应用在日常生活中变得如此简单。

这么了不起的装置值得我们进一步了解一下。首先是计算频率。要进行逻辑运算，你必须完成一步，再做下一步，然后做再下一步，计算会随时间向前推进。如今的家用计算机的计算频率约为每秒30亿次，记作3千兆赫兹；人脑的计算频率大约是每秒1000次，不到前者的百万分之一。一台计算机的价格只需999美元，比雇一个学生或助手来做计算的成本要低得多。

但是，有两个因素限制了这项技术的发展。一是芯片在工作过程中会产生大量的热量。一枚小小的芯片，它的功率可以高达130瓦，而人脑的功率大约是30瓦。尽管芯片比人脑小得多，但它消耗的能量和产生的热量比人脑多得多。因此，散热问题是计算机前沿技术面临的一个巨大挑战。二是芯片单元已经变得非常非常小，45纳米的规格是原子大小的上百倍，所以，构成芯片的这些小逻辑门并不比单个原子大多少。因此，在"0"和"1"的基本实现上，我们利用的仅有几个单元。芯片惊人的能力依赖这些奇特的"新脑"，更依赖我们对物质如何工作的深入理解。

要想走得更远，我们需要更深入地了解物质是如何工作的。越小意味着越快、越便宜。我们在尝试制造越来越小的芯片的探索过程反过来又推动了技术进步，从而可以制造更小的芯片。这在哲学上非常有趣——用制造出的机器制造更小的机器。

第二种"奇特新脑"：量子计算机

摩尔定律正发挥着作用。摩尔定律并不是一个自然定律，而是对数字计算机技术发展趋势的观察。这一定律可概述为：大约每两年，芯片的线性尺寸缩小一半，价格降低一半，速度快一倍。这一业态已持续了几十年。但是由于基础物理的原因，这种发展速度现在很难保持。如今的比特几乎总是涉及：分离电荷以获得电压，或者排列物体（通常是电子）的自旋。因此，如果你想编码"1"和"0"（通常利用电压来实现），你要这样分离电荷：如果高压开启，即正电荷在上，负电荷在下，得到"1"；相反，则得到"0"。这是在物理上实现"1"和"0"的一种方法。或者，你可以利用自旋方向：自旋全部向上、向下分别代表"1"和"0"。如果我们想继续改进技术，那将要改变摩尔定律，改变我们工作的本质。这是非常具有挑战性的，因为当我们进入只有一个到几个自旋或电荷的层次，物理规则会发生变化——我们进入了量子力学领域，面对的是物理学中的量子行为。

量子世界是一个很难开展工作的地方，在那里你只有一个电荷或一个自旋。数量上发生的很小的涨落就会导致完全不同的结果。而在量子世界中，涨落无处不在。

量子力学的本质在于概率，而且量子世界充满了涨落。例如，电子不能同时具有确定的位置和确定的速度，这就是海森堡不确定性原理。所以，当你的单元在到处移动且很难确定速度和位置的时候，就很难开展工作。

但是，这个奇怪的量子世界也充满了希望和机遇。如果我们与之合作，而不是试图与之对抗，就会开辟新的可能性。

我们正在从比特和二进制数字（即1和0）转向量子力学版本的比特，也就是量子比特，由此产生了一种新的信息，它不是布尔、巴贝奇和图灵等认为的固定的0和1，而是来自量子物理世界的涨落的量。最简单的二态系统（即一个单自旋），就是一个量子比特，它和经典比特具有非常不同的图像。它具有量子不确定性。我们无法摆脱量子不确定性，所以必须学会接受它。

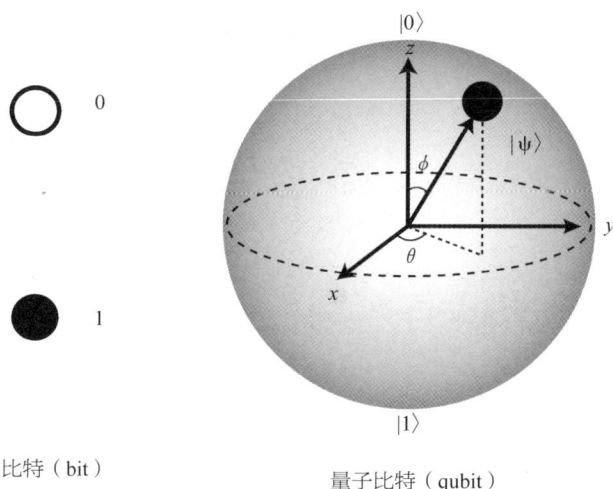

比特（bit）　　　　量子比特（qubit）

● **经典比特和量子比特**

举个关于这种不确定性的例子。现在我们测量一个量子比特的自旋——让我们把量子比特看作具有两种指向（上或下）的自旋。我们可以在任意方向上测量这个量子比特的自旋——x方向、y方向或z方向。如果我们这样测量，就不能得到一个确定性的结果，正如我所说的，量子世界具有涨落。在量子力学中，你能做到的是，得到在3个测量方向上自旋向上或自旋向下的概率。单个经典比特只有一种选择——要么是1，要么是0。对于量子比特，我们需要3个概率——3个连续的数字（实数）来定义一个量子比特处于什么状态，而不是只有一个选择——要么是0，要么是1。量子世界存在的现象必须用复杂得多的方式进行描述。而量子比特在涨落，一个量子比特的状态需要用3个数来表征，这就如同你在描述三维空间中的位置时所需要做的一样——这是状态空间的大扩展。

当我们开始考虑一对量子比特时，事情就变得更"疯狂"了。如果要描述它们的状态，我们可以选择在x方向上测量两个量子比特；或者可以选择在x方向上测量量子比特A，在y方向上测量量子比特B；或者反过来，等等，共有9种可能性，每一种又都有其概率。然后，我们也可以置一个量子比特于不顾，只测量另一个量子比特，这就引入了另外6种可能性。基于量子力学原理，可以证明，每一个可能性都可以用一个独立的数字来描述。所以2个量子比特需要用15个数字来描述。照此类推，为了描述N个量子比特的状态，我们需要$2^{2N}-1$个数字。

描述一个量子比特，我们需要3个数字；描述两个量子比特，我们需要15个数字；描述3个量子比特，我们需要63个数字；描述4个量子比特，我们需要255个数字……数字变得非常大。事实上，从这几个例子中还看不出来数字会变得多么巨大，不过有一个关于国际象棋与米粒的故事可以生动地表述这个变化。传说一个国王非常喜欢国际象棋这个游戏，于是想奖励发明者。国王就问这个发明者："告诉我，你最想要什么？"国际象棋的发明者说："我并不需要丰厚的报酬，只想每天都有米饭吃。而且我想将您的奖赏与国际象棋结合起来。所以请您第一天赏我一粒米，将其放在棋盘上的第一个方格里；第二天，赏我第一天的米粒数量的2倍，将其放在第二个方格里；第三天的数量是第二天的2倍……"国王说："这太荒谬了，这个奖赏也太少了吧，与你的成就不符呀。"但是，这位发明者坚持就要这样的奖赏。于是国王便同意了。起初，这看起来像个玩笑。一开始是1粒米，接着2粒，然后4粒、8粒、16粒。后来数字变得更大了。很快，国王发现他的大米储备已经耗尽。

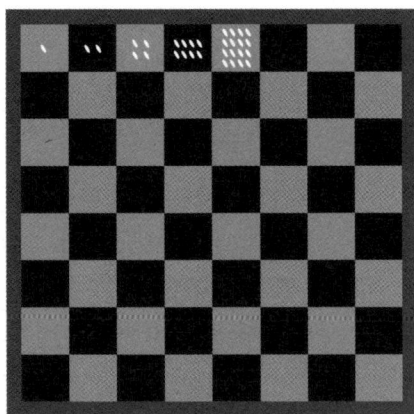

● 国际象棋棋盘上的米粒

从这个故事中我们可以知道，不断翻倍会导致数字非常快地增大。这就是所谓的指数爆炸，这就是摩尔定律所展示的我们从巴贝奇使用的那种笨重的机器中快速实现计算机的现代化的原因。这也同样适用于量子计算机和传统计算机的对比。当你添加越来越多的量子比特时，量子计算机容量的增长会非常快，比传统计算机的比特数增长函数要快得多。因此，量子比特的潜力非常大。

但是，量子比特又是很精微、脆弱的。在最初的实现过程中，它们是基于单个电子或单个自旋的，很容易被扰乱。这些量子比特很容易被任何与外界的相互作用干扰。如果你用这些量子比特来编码你的信息，它们是非常脆弱且容易被扰乱的。所以我们需要保护这些量子比特不受外界以及彼此的影响，以保持信息的完整性。但是为了让它们做有用的工作，它们又必须相互影响，以实施量子门或其他操作，毕竟，我们不想仅仅把量子计算机当成一个黑箱来欣赏。我们知道量子计算机具有很快的运算速度和强大的能力，但我们更想利用它解决问题！所以，我们希望它能够输入和输出信息。因此，我们必须在量子比特的孤立和相互作用之间保持微妙的平衡，前者是保证量子比特完整性的必要条件，后者是量子比特执行必要任务的必要条件，也是量子比特偶尔与外界作用以输入和输出信息的必要条件。

物理学家和工程师正在探索几种不同的方法来制造实用的量子比特。这是一个巨大的挑战，不过基本思想已经出现。但是为了发挥量子计算的潜力，还需要更多的新思想。现阶段物理学家正在通过以下3个主要方向来思考解决办法。

第一个是原子，用激光方式来实现；第二个是电路，以电子学方式来实现；第三个是任意子，用编织来进行计算。正如数字计算机的发展是从齿轮到电子管再到越来越小的晶体管，从磁带式驱动器到拇指大小的驱动器，技术肯定也会不断进步。对于量子计算机而言，我们还没到量子计算的"电子管"阶段，而是刚到达"分析机"时代。所以，一定还有其他的替代方法，虽然目前它们还不太发达，但有可能在将来会非常强大，比如利用光而不是原子，或者利用晶格缺陷。

我在此为大家介绍一个非常粗略的简单想法——里德堡原子方法。在这种方法中，量子比特或原子被困在场中，从而构成一个原子阵列。你知道它们的位置、可以定位它们。在通常情况下，它们的相互作用非常非常弱，它们是孤立的量子比特，如果你想让它们相互作用，你所要做的就是用激光激发它们，然后原子会变得非常"大"，成为"里德堡原子"。如果你把其中的两个变大，它们就可以互相接触、互相影响。如果你做得恰到好处，就可以执行布尔和图灵所述的那些操作。然后，通过辐射把它们恢复原样，就又可以继续重复这一操作。这种方法有一定的局限性，因为你不但需要让原子保持距离，还需要用激光来定位，同时需要非常小心地让它们进行相互作用。这就是为什么我说我们处于发展的极早期。如果运气好，也许会形成新的摩尔定律——量子摩尔定律。

电路是第二个用来制造量子计算机的方向，虽然它很复杂，即便是最简单的逻辑门也十分复杂，但是物理学家和工程师在设计复杂电路方面已经具有非常丰富的经验。电路的体积非常小，并且以巧妙的方式涉及超导性，允许人们有效地实现量子比特。

实现量子计算机的一个方向是基于超导电路。超导系统的温度很低，所以大部分体积都被制冷器占据，实际的计算机就位于其中某个非常小的地方。利用超导电路系统，量子优越性已经得到实现。也就是说，超导电路系统在相当短的时间内就能完成的一件事，当今最强大的经典计算机需要花费非常长的时间来完成，虽然科学家对于经典计算机到底要花多长的时间还有争议，但明显要比量子计算机花费的时间长得多。也就是说，这是一个难以进行经典模拟的量子系统。

但是，我们应该以非常谨慎的态度非常仔细地理解量子优越性究竟意味着什么。在某种程度上，它像是在暗示量子计算机将是至高无上的，经典计算机将很快过时，其实根本不是这样。事实上，量子优越性是一个有趣的概念，比如，使用一个具有量子优越性的原子来设计量子计算机，并实际解决一个有用的问题，而不是人为用超导电路制造一台量子计算机。再比如，碳原子是有机化学的基础，经典计算机或已知的量子计算机都无法像碳原子那样快地"计算"它是如何与光相互作用的。因此，这里传达的信息是，尽管有量子优越性这个概念，但技术在连续性地演化，而不是突然发生革命。量子计算机将有能力完成越来越多的任务，但不会突然接管整个世界。

第三个方向特别有趣，物理学上称之为"编织"。用扭结来计算的历史可以追溯到南美洲的古印第安人，他们用扭结的数量和种类来表示数字。我们可以用绳子来表示数字、发送信息，并用这些绳子进行计算。很明显，当物体缠绕在一起时，扭结会变得非常复杂。任何试图编发辫或者淋浴后想梳理头发的人都知道缠绕的发丝有多么复杂。可见，我们可以在里面编码很多信息。如果有合适的物理实体（比如电路或者更高级的设备）来掌控缠绕方式（事实上它们被称作任意子），你便可以用任意子来存储和处理信息，它们在其量子力学波函数中记录它们的历史。

●　不同的绳结可以用来表示不同的信息

实现通用量子计算机可能还有很长的路要走，可为我们所用的量子单元可能会更快出现。在经典计算机领域，人们使用图形处理器来执行计算机游戏中的特殊操作，从而能够非常快地处理涉及屏幕上所有像素的简单计算。通用计算机要处理很多不同种类的任务，因为它们必须是通用的，所以它们处理单一任务的速度要慢得多。

不过，偶尔也需要一台量子处理器来完成特殊任务。我想这种应用方式很快就会出现。据我所知，彼得·佐勒已经率先做出了这方面的努力。对于年轻人来说，这个有关物理工程的新兴领域有着巨大的创新空间。你可以认为这些量子模拟器就是现代的、量子版本的风洞。直到今天，人们仍然会通过风洞来模拟和测试可应用于飞机上的新设计，而不是直接制造一架全尺寸的飞机。同样，我们可以在量子模拟器上模拟制造分子的条件，而不需要去化学实验室制造真正的分子。

另一种可能更容易理解和记忆的说法是，我们期望量子模拟器（小的量子比特集合）擅长解决量子力学方面的问题，因为经典计算机很难精确地计算量子问题。把量子比特当作计算单元来进行有关新材料或新分子的模拟和计算，可能会对制造新材料或新分子很有帮助。现在，科学家已经有一些与量子模拟器相关的具体想法，这要比尝试制造一台全能的图灵机容易得多。

第三种"奇特新脑"：人工神经网络

前文已经介绍了两种"奇特新脑"——电子计算机和量子计算机，其中量子计算机是用物理概念（与人类大脑很不同）来体现信息和思想的奇特方法。接下来，我们再讨论一个近年来取得很大进展的领域——人工神经网络，它更接近人类大脑的工作方式，却是人工的和工程的。

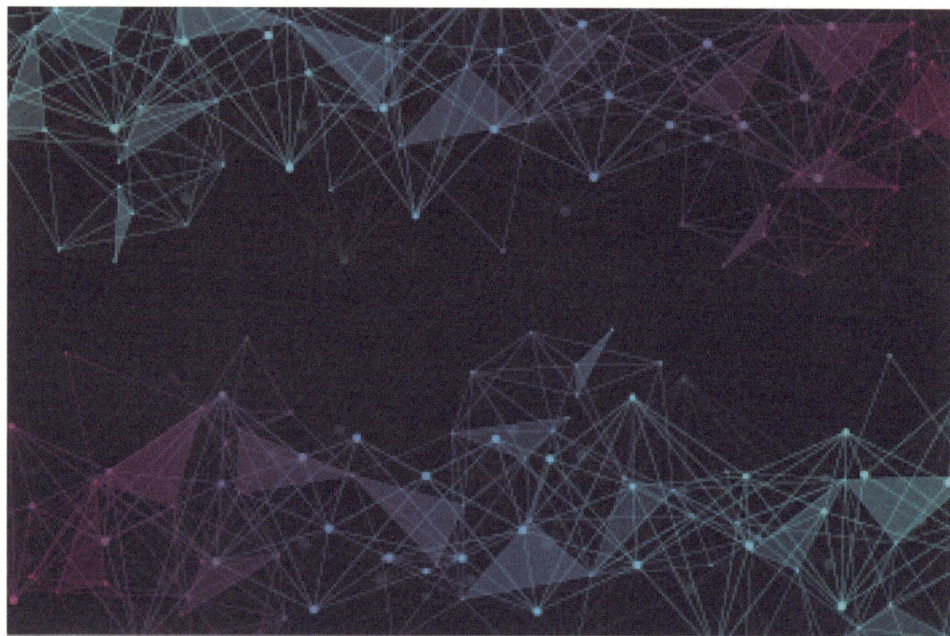

● 人工神经网络

无论电子计算机还是量子计算机，在设计和概念上与人类思维有很大的不同，它们处理的符号和物理元素与人类大脑的工作方式完全不同。生物的运作方式与计算机不同，它的工作速度慢得多，但是各个单元之间的连通性比电子计算机以及任何现有量子计算机中各个单元之间的连通性要高得多。它有分层的体系结构和巨大的并行性，这与计算机芯片完全不同。

视网膜是我们最好用的图像处理器，在许多方面的表现比任何计算机都要优秀。小脑专门负责同步我们的肌肉、保持我们的运动平衡。同样，它们也有分层结构。没人知道它们的详细工作原理，但是它们非常强大，擅长各自的工作。人类设计的任何机器人都无法做到像人类一样自如地移动。所以，尽管这些"单元"很小、很慢，不像人工计算机部件那样精密，但它们运作起来非常流畅，这是人类特有的优势。基于这种观察和经历，人类得到启发，这种非同寻常的架构可以很好地模拟人脑进行思维活动的过程，进一步构建"奇特新脑"。这里的基本构件不是经典计算中的"1"或"0"，也不是它们的量子推广，而是所谓的神经元。

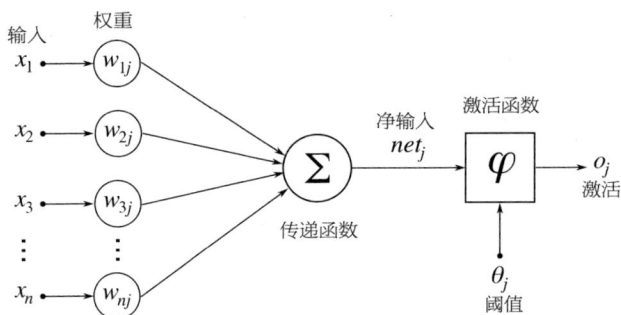

● 神经元模型

在一个神经元模型中，你要做的是输入一个数值以及相应的权重，然后对它们进行相乘或者其他处理，再将其导入神经元，神经元根据输入的值产生输出。你可以用这一层神经元的输出作为下一层神经元的输入，如此继续下去。这是一个简单的理想化模型，用电信号来描述和模拟真实的生物神经元如何工作，其优点是我们可以用程序进行设计和操作。

这个领域的伟大发现的取得经历了几个阶段，如今已经发展成一个非常精细和强大的实践理论——可以自主学习的、简单的神经元网络。它们的学习过程是不断改变权重的过程，这使得它们的"表现"越来越好。神经元网络的基本原理是这样的：假设你把一幅图像输入神经元网络，第一层神经元对它进行编码后把信息发送给下一层神经元，这一层再把它们的输出传播到再下一层的神经元，然后不断向下传递。假设有一个神经元，如果输入的原始图像中包含猫或者人，它就会发光。如果输入图像中包含一只猫，而输出没有发光，这就是一个错误。那么如何做得更好？如果有一个错误，这层神经元就会告诉它的前一层，它犯了一个错误，进而改变它的权重，这样就会更正错误。神经元说："好，我稍微改变一下，这样我会给你一个更好的答案。"如果这层神经元也错了，它就会"责怪"上面的那层神经元，告诉它："你犯了一个错误。"这层神经元会说："哦，我犯了一个错误，所以如果我有不同的权重，我可以做得更好。我会稍微改变一下权重。"如此反复进行。

这是一个非常简单的想法，叫作反向传播。这是一种系统地从错误中学习以改变权重的方法，这样它们会给出越来越多的正确答案和越来越少的错误答案。这种被称为深度学习的方法已经实现了，并且硕果累累。深度学习神经元网络已经非常擅长对人脸或猫进行图像识别，而且还精通曾经被认为是人类智力顶峰的事情，比如国际象棋、围棋、"星际争霸"游戏。

举一个国际象棋的例子。国际象棋已被人类深入研究了几个世纪，关于它的文字资料非常丰富。有的人类棋手终其一生都在研究棋艺，并且自认为对国际象棋的理解已经相当透彻了。将国际象棋的规则输入神经元网络，并使用深度学习策略与人类对局，神经元网络的棋艺就可以赶超任何人类玩家，同样也比人类通过编程设计出的经典计算机棋手要好得多。这难免令人类汗颜——我们创造的事物竟可以在某些方面完成我们认为是智力顶峰的任务，甚至做得更好。神经元网络在其他一些问题上的表现也比任何程序和人类更好，比如确定一个DNA分子的化学结构、形成机理及形状等。

● 对弈

　　这些应用反向传播进行学习的神经元网络还不是最强大的。我们的大脑更为复杂和强大，其强大的秘密就在于对反馈的审视。它包含的不仅仅是单向的信息流，还有对返回信息的再处理。我们每个人的大脑网络随时在审视自己的行为——简单地说，就是大脑在思考我们在做什么。

　　传播网络并不思考它们在做什么，它们只管传播。它们既不反省也不检查自己的表现。因此，接下来是思考的下一个层次，我们需要超越反向传播，研究审视和指导其他网络的网络。除了监控外部世界和身体状态的传感器之外，我们很有可能还有监控、预测、评估和指导我们内部大脑状态的模块，这些模块观察我们在想什么。换句话说，它们在观察和审视我们的意识。

　　我们思考自己正在思考什么。这可能与意识密切相关，本质上也可能就是意识。事实上，有一个叫本杰明·利伯特的人在二十世纪七十年代做了一个很经典的实验，随后也得到了许多其他复杂实验的验证。这些实验指出了这样一种观点，即我们所说的意识不是在决定要做的事情，而是在观察我们大脑中正在发生的事情，并对其进行报告。

　　利伯特的实验极其简单。实验人员给受试者安排一个非常简单的任务，受试者被要求每隔一段时间，每当他想按按钮时，就看一下时钟并记录下是何时决定按下按钮的。所以，当受试者决定按下按钮时，他会报告做出决定的时间。实验的另一个组成部分是受试者处于一个监控大脑活动的电子设备中。实验发现，当受试者报告说他做出了决定时，这个时间要比大脑活动晚0.2秒左右。也就是说，大脑活动是导致受试者按下按钮的因素，大脑的深层行为先于对行为意愿的意识。现在有许多这种类型的实验、许多先进的技术都验证了这一结果。简单地说，如果此类实验的结论是正确的，人工神经网络的下一个大进步将会是对"意识"的引入。

● 利伯特实验示意图

从物质方面来看，我们也应该借鉴生物学理论——我们应该引入自我复制理论。我们大脑的成长来自细胞的成长，细胞通过自我繁殖成倍增长。人类大脑的形成过程很特殊，而且成本也低得多。当然，人类大脑比人工大脑的制造方式更有趣，因为它是由进化产生的，而人工大脑可以更快、更大规模地实现人工制造。这就是未来的物理工程，这是一个关于自我复制的粗略想法。伟大的数学家冯·诺依曼不仅开创了作为所有现代计算机基础的、被称为诺依曼架构的理论，还概述了如何制造一个自我复制的机器和生物体。

总之，正在发展或即将出现的奇特而强大的"新脑"为想要改变世界的年轻人敞开了大门。这些领域为研究者提供了很大的创新空间，为物理学、物理学家和未来社会提供了无限的可能。

探索的动机

潘建伟

潘建伟，中国科学院院士、中国科学技术大学教授；于 1970 年出生于浙江东阳；1987 年至 1995 年就读于中国科学技术大学近代物理系，先后获学士、硕士学位；1996 年至 1999 年赴奥地利留学，获维也纳大学博士学位；现任中国科学技术大学常务副校长、中国科学院量子信息与量子科技创新研究院院长。他还是发展中国家科学院院士、奥地利科学院外籍院士。

潘建伟在量子光学、量子信息和量子力学基础问题检验等领域做出了重要贡献，是中国量子信息领域的领军学者。在他的带领下，我国成功发射了世界上第一颗量子科学实验卫星"墨子号"，与量子"京沪干线"结合，实现了跨越 4600 公里的天地一体化量子通信网络。潘建伟及其团队设计并构建了光量子计算原型机"九章"和超导量子计算原型机"祖冲之号"，使我国成为第一个在多个不同物理体系中均实现量子计算优越性的国家。在超冷原子量子模拟、量子化学、量子成像等领域，潘建伟也做出了众多有影响力的工作。

因其杰出成就，潘建伟荣获了众多重要奖项，包括欧洲物理学会菲涅尔奖（2005 年）、QCMC 国际量子通信奖（2012 年）、国家自然科学奖一等奖（2015 年）、未来科学大奖（2017 年）、墨子量子奖（2019 年）、蔡司研究奖（2020 年）等。

（以下内容整理自潘建伟院士 2016 年在"墨子沙龙"上发表的演讲）

如果提起"在没有外力的时候，物体会永远匀速运动下去""光沿直线传播"这些观点，大家一定会想到西方近代科学。但实际上，我们的先贤墨子早在两千多年前就提出了这些想法。他说："止，以久也，无久之不止。"其中"久"就是阻力的意思。他还提出了："端，体之无序最前者也。"其中"端"就是物体不可分割、最基本的组成单元，这些观念中已经有了原子概念的雏形。他甚至还完成了"小孔成像"实验。也就是说，早在先秦时期，我们的祖先就已经在探索科学了。墨子提出的很多观点在上千年之后才被西方世界关注。

为什么跨越了千年的时空，跨越了万里重洋，跨越了不同人种，人类都会不约而同地选择去探索科学呢？他们探索的动机是什么？

在我看来，于个人而言，科学的首要价值在于，它是达到内心安宁的最可靠途径。宁静内心最大的敌人是恐惧和忧虑，而恐惧与忧虑都源于未知。人们不知道自己从哪里来，亦找不到自己的归宿，所以会不停地追问："我们从哪里来？要到哪里去？"

人们曾经认为，地球是宇宙的中心。但伽利略却通过望远镜观测，支持了哥白尼的日心说理论。随后，开普勒也做了大量工作，他发现在同样的时间里，行星和太阳的连线在行星运行轨道平面上扫过的面积相等，为之后行星运动规律的发现奠定了基础。

1642年伽利略去世，1643年牛顿出生，在我们回顾物理学历史的时候，他们两人也许是我们最不能忘记的。伽利略开启了现代物理学，而牛顿是经典力学的集大成者。1687年，在对先贤成果加以总结的基础上，牛顿写出并出版了《自然哲学的数学原理》，提出了三大运动定律，其中第一条就是墨子曾经提出的"止，以久也，无久之不止"，也就是我们所熟悉的惯性定律。

在三大运动定律的基础上，牛顿又根据开普勒的研究成果，提出了他的万有引力定律。伟大的万有引力定律被发现之后，苹果落地、星星绕太阳转等天上地下的现象，都可以被统一地解释。这既带来了人类思想的巨大解放，在后来也让很多物理学家深感忧虑。

说它带来思想的巨大解放，是因为人类从此了解到：世界是独立于人类而存在的。我们可以对世界进行凝视深思，通过对它的部分了解，认识到这个世界的某些部分是可知的。本质上，这就是对"物理学美且具有强大力量"的一种证明。我们知道人类只不过是星系中很小的一部分。不过那时的人们只能计算轨道，依然不能解答"我们从哪里来，要到哪里去"的问题。

尽管如此，当牛顿把三大运动定律和万有引力定律建立起来以后，科学家还是隐隐有了一种"看破宇宙奥秘"的感觉。在思想上，这就带来了巨大的解放。人们感受到一种"先天的和谐"，在自然规律中感受到"这真是太有意思了"，从而获得了心灵的自由和宁静，这其实也就是我所说的，科学家们探索的动机。

随着科学继续向前发展，人们意识到，原来天上的电和地上的电是一样的。后来，法拉第发现了电磁感应现象，发现磁与电是相互联系的。麦克斯韦在1864年发表了《电磁场的动力学理论》，建立了电动力学，将一切光、电、磁的现象统一为由一个方程组来描述。

很多看起来独立的现象被完全统一了。科学战胜了愚昧，随之而来的是以电力技术为代表的产业变革。科学家们越发认为科学是可靠的，最终得到了一种心灵的解放和自由。

那为什么还有物理学家会焦虑呢？因为直到那时，科学家们依然无法回答"我们从哪里来，要到哪里去"这一问题。虽然那时大多数科学家都对科学的发展状况感到满意，但一个新的问题摆在了他们面前：一旦确定了初始状态，那么所有粒子的状态都是可以被精确预言的。这个世界上的一切是不是都可以用公式来预言？我将来会成什么样的人以及你此时正在看这篇文章，是不是都可以被计算出来？那么在宇宙的规律之下，个人的努力又有什么用呢？宇宙规律又是从何而来呢？这些问题，当时的人们无法回答。

到了20世纪初，两个伟大的科学家出现之后，这个问题有了新的回答。

普朗克提出了量子论，所有微观世界的规律都遵从量子理论；爱因斯坦随后提出了相对论，时间和空间的规律由相对论所描述。当我们把这两个理论结合在一起的时候，我们居然能初步通过大爆炸理论了解宇宙的起源与演化了。

● **宇宙起源与演化**

25

　　100多亿年前，由于量子涨落，一个"奇点"发生了爆炸，"炸"出了时间、空间和构成万物的基本粒子。最初，宇宙中只有氢和氦两种元素，它们在引力的作用下聚集在一起，形成了第一代恒星，宇宙中也终于有了第一缕可见光。

　　物质燃烧时有辐射，宇宙向外膨胀，引力则控制宇宙收缩，互相之间达到一种暂时的平衡。

　　恒星聚变后，慢慢形成了一个稳定的结构。但当恒星在核聚变过程中原料燃烧殆尽后，就无法再抵御引力塌缩，最后形成新的爆炸，也就是超新星爆发。然后，它会变成中子星或者黑洞。

　　宇宙要诞生生命，比人类的母亲怀胎十月困难得多。100多亿年前奇点大爆炸；经历引力、聚变等作用，大约50亿年前，太阳形成了；大约40亿年前，生命开始在地球上出现、进化；5亿年前，初等海洋生物出现；4亿多年前，陆地上出现植物；大约3.6亿年前，出现两栖动物；2.3亿年前，开始出现恐龙等爬行类动物；1.4亿年以前，出现哺乳类动物；500万年前，出现人类始祖；180万年前，有了原始人；直到20万年前，才有了人类的祖先——智人。

到目前为止，人们通过观测到的现象与考古的研究，大概勾画出了人类起源的雏形，对"我们从哪里来，要到哪里去"也有了一个初步的概念。

量子力学打破了机械决定论，正如霍金所说："即使是相信一切都是上天注定的人，在过马路时也会左右看，以免被车撞到。"

那么，量子力学是如何打破经典力学带来的机械决定论的呢？

很多人读过《西游记》，《西游记》是人类创造力的杰出体现，书中记录了很多有趣的概念，比如"天上一日，地上一年""千里眼和顺风耳""筋斗云"，再比如孙悟空的分身术。

爱因斯坦的相对论告诉我们，"天上一日，地上一年"是可以成为现实的。假定有一对双胞胎，其中一个做了宇航员去太空中旅行，而另一个留在地球上。如果飞船的速度快到接近光速，地球上很多年过去了，宇航员回到地球会发现，他的兄弟垂垂老矣，而他却仍和出发时一样年轻。

● 孪生子佯谬

德国科学家赫兹于1888年在实验室里证实了电磁波的存在。无线电被发现之后，电视机、电话机让"千里眼和顺风耳"变成了现实。

筋斗云让孙悟空在空中跑得非常快，仿佛可以在一个地方突然消失，然后又在很远的地方突然出现。我们的实验已经证明，在量子世界中，"筋斗云"是真实存在的。利用量子纠缠原理，我们可以使相隔遥远的两处的物质处于纠缠态。所谓纠缠态，就是指处于纠缠态的两个物体，不管相距多远，一边的结果确定了，另一边的结果也会确定，且两个结果紧密关联。即使把A点的物质完全摧毁，但只要关于它的全部信息已经被"传送"到B点，通过数据处理，利用在B处的物质可以把已被摧毁的物质重新构造出来。这就像"筋斗云"一样。很多年前，我们在因斯布鲁克做了这个实验，尽管当时只能"传送"一个粒子，但也在国际上引起了巨大的轰动，不过目前我们还无法"传送"复杂的个体——比如人体，毕竟人体中大概有10^{28}个粒子。

量子物理也同样允许"分身术"的存在，因为量子世界和牛顿的世界是不一样的。在牛顿的经典物理世界中，苹果要么在桌子上，要么在地上，它不可能同时在桌子上和在地面上。如果我们把"苹果在桌子上"叫作"0"，在地面上叫作"1"，它只能处于"0""1"两个可能状态中的一个；而在量子世界中，它可以同时处于各种地方——就像大家熟知的薛定谔那只"又死又活"的猫。在量子的世界中，当猫和我们没有互相作用的时候，它处于生和死的叠加状态。

墨子曾说："端，体之无序最前者也。"量子在本质上，就是一个最基本的、不可分割的单元，它拥有不可分割性和可叠加性两种特性。对于像猫这种较大的实体，我们还无法塑造出这种状态，但对于微观颗粒已经很容易实现了。光的最小单元叫光子，光子会同时在水平和竖直方向振动，这就是"0"和"1"的叠加。一旦我们测量它，它的状态就会被影响。

为了解释这种现象，我们先明确两点，第一，在没有观测微观个体时，它可以同时处于两种状态；第二，一旦对微观个体进行观测，对它的影响是巨大的，它会变成只有一种状态。

27

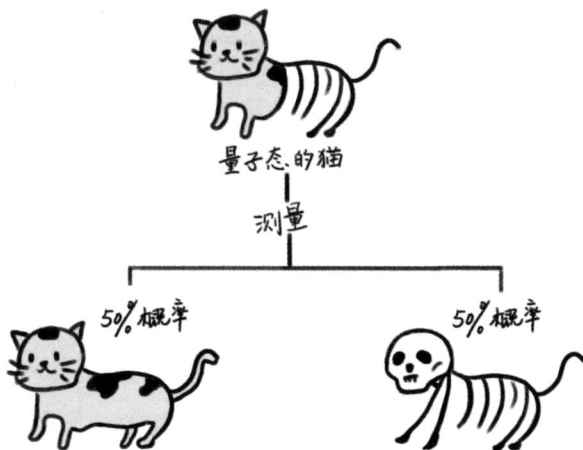

● **量子力学中神奇的测量**

如果我们对想要了解的微观粒子进行拍照，它的状态就不能再变化了，因此我们不能得到关于它的全部信息。由量子这个最简单的原理，我们得知最小颗粒是测不准的，测不准也就不能被复制。在生命科学中，当两个人的基因序列完全相同的时候，其中一个就是克隆人；但量子物理学认为，这两个人只是"硬件"一样，里面的思想、其中原子的状态，是测不出来的。所以，人作为个体，每个都是独一无二的存在。

除了哲学问题，量子力学也可以解决科学问题。比如，如果信息处理中也存在"0"和"1"同时存在这种现象的话，就成为量子通信。

利用量子不可分割、不可被复制的性质，A给B发送一些单光子作为密钥，如果C想要窃听，那C只有两个选择：其一是拿走作为密钥的单光子，这样B就收不到A的信息了，所以可以发现通信被窃听了；其二是对密钥进行拍照，但在拍照的过程中，会改变单光子的状态，因此B也可以发现自己被窃听了。

正是因为如此，利用量子技术，我们可以实现不可破译、无条件安全的通信。

你可能还想问，量子力学对打破经典力学带来的决定论有什么帮助呢？

经典物理学告诉我们，世界是完全独立于个人而存在的，规律永恒不变；量子力学告诉我们，世界虽然在很大程度上独立于你而存在，但你的探索和努力对这个世界的演化是有影响的。

量子技术如此强大的能力引起了一些人的担心，他们还担心人工智能发展得太快，最后会取代人类。目前，我们是可以放心发展人工智能的，因为不管计算机发展的规模多大，它的信息对人类是透明的，我们可以百分百复制计算机的信息，而人类的大脑是无法复制的。

那么，未来的量子计算机是否会发展到人类大脑的程度呢？目前科学家并不能确定，这也给了我们一个向更深层次探索的动机。因为科学家对量子信息的研究并非只是为了通信和计算，而是希望探索人类意识从何而来。如果说我们看到的世界是人类大脑对世界的一种映射，那我们不禁想问：大脑是如何理解这个世界的？期待随着研究的深入，我们可以得到更多知识和发现。

科技的进步使得信息交互的效率越来越高，从早期的口口相传、千里传书，到热力学和力学的应用促使了铁路、火车等工具的出现，极大加快了人类的交互速度。再到电力学的广泛应用，人类迎来第二次工业革命，世界变得更小。而量子力学等理论的应用，带来了电子计算机和第三次工业革命，形成了现在的互联网，世界在人类的探索中不断向前发展。

人类自古以来就对世界有恐惧感，而科学可以帮助人们了解宇宙的规律、增长智慧，有了智慧之后，人类就不再困惑，也不再因为自身在宇宙中的存在而感到恐惧不安。当心安定了，人们做任何事情，成功也好，不成功也罢，都不那么容易患得患失。人心的焦虑往往源于此：没有时怕得不到，得到后又唯恐失去。

用爱因斯坦的话来说，人类探索的一个主要目的就是追求思想上的解放。尽管科学探索的路并非坦途，但归根到底依然是为了仁、智、勇，为了真正做好一个"人"，这也是科学探索的最终奥义了。

墨子沙龙

Part 02

第二部分

走进量子世界

02

量子叠加、量子纠缠与量子信息学

查尔斯·本内特

查尔斯·本内特，物理学家、量子信息学家，1943 年出生于美国纽约，1964 年在布兰迪斯大学获得学士学位，1970 年在哈佛大学获得博士学位。

查尔斯·本内特在阐明物理学和信息的联系方面发挥了重要作用，在量子计算、量子通信、可逆计算领域做出了开拓性贡献，是现代量子信息理论的奠基人之一。因其杰出成就，他荣获了众多重要奖项，包括 2017 年度狄拉克奖、2018 年度沃尔夫物理学奖、2019 年度墨子量子奖、2020 年度香农奖等。

（以下内容整理、节选自查尔斯·本内特 2019 年在"墨子沙龙"上发表的演讲）

20 世纪后半叶，人们将量子物理的概念纳入信息科学，这改变了计算和数学的基础。量子效应产生了很多积极的作用，催生了新的领域，例如量子计算和量子密码学。

叠加原理与量子密码学

量子物理的一些概念，初看起来，似乎有悖于我们日常的经验。比如，量子力学的核心——量子态叠加原理，就是一个颠覆我们日常经验的原理。

量子态叠加原理告诉我们，并非所有量子态都是完全可区分的。我们拿光子来举例。光子是一种粒子，它朝着一个方向行进，我们发现光子的偏振只有两种可以完全区分的状态：在与光子行进方向垂直的平面内相互垂直的两个方向，例如水平偏振和垂直偏振，或者45度角方向的偏振和135度角方向的偏振。相互垂直的两个偏振方向的光子是可以完全区分的，但是我们并不能把它们与其他角度偏振的光子完全区分出来。

　　我们把光子射入一个对称性足够低的特殊晶体，例如方解石晶体。水平偏振的光子将会沿着原来的行进方向出来，继续行进（如下图 a 所示）；而垂直偏振光子的行进方向在晶体内部将发生转变，偏转方向后再从晶体出来（如下图 b 所示）。如果我们将一串沿着某个方向 θ 偏振的光子入射进同一个晶体（如下图 c 所示），经过晶体后，一些光子变成了水平偏振，而其他的光子则变成了垂直偏振，并在晶体内改变了行进方向。至于一个光子究竟展现为垂直偏振还是水平偏振，完全是概率性的。这也是量子力学最为诡异之处。

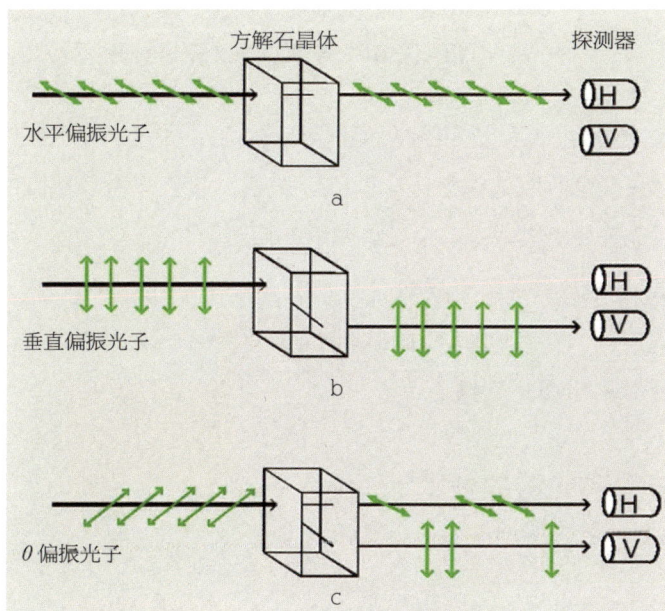

● 光子的偏振

　　如果我们将晶体竖直放置，垂直偏振和水平偏振的光子可以被完全区分开（如下页图所示）。

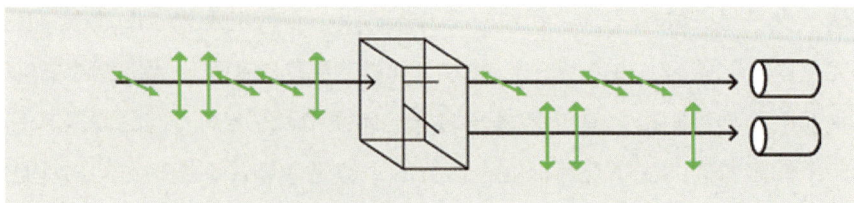

● 将垂直偏振和水平偏振光子区分开

同样，如果将光子的偏振方向旋转45度角，也将晶体旋转45度角，那么我们也可以完全区分出45度角和135度角这两种偏振方向的光子（如下图所示）。

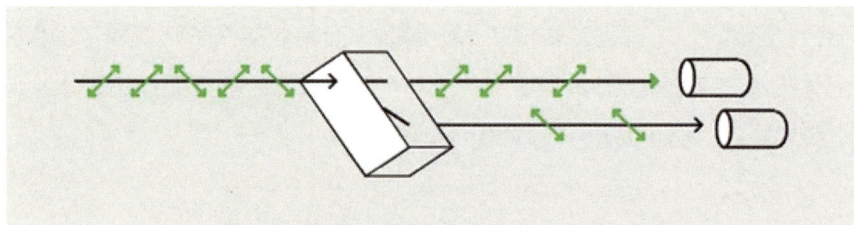

● 将 45 度偏振和 135 度偏振光子区分开

上面的实验告诉我们，水平偏振和垂直偏振可以被完全区分出来；45度角偏振和135度角偏振也可以被完全区分出来。但是，我们没有办法同时将4种偏振方向的光子完全区分出来。光子是一个两维的系统。

这一性质，在信息学里就导致了经典信息和量子信息的区别。利用这种性质，我和我的合作伙伴吉勒斯·布拉萨德完成了量子密码学的第一个验证实验，实现了通信距离为30厘米的量子通信。

量子纠缠与量子比特的处理

除了量子态叠加原理之外，量子力学最神奇的地方在于量子纠缠。量子纠缠是在相互作用的过程中自然而然发生的，它是量子态叠加原理的结果。

任何量子数据处理过程，都可以看成对单个量子比特进行操作或者两个量子比特之间的相互作用。对于光子来说，在单个量子比特上进行操作可以通过旋转它的偏振方向来实现。

那么双量子比特操作又怎么实现呢？我们可以通过量子可控非门来感受一下：我们用垂直偏振的光子来代表 |0> 态，用水平偏振的光子来代表 |1> 态。我们知道，可控非门的功能在于，第一个比特的值将会决定第二个比特是维持不变还是翻转成与原先的偏振方向相垂直的偏振态。换句话说，如果第一个比特是 |1> 态，第二个比特将从 |0> 态变成 |1> 态，或从 |1> 态变成 |0> 态；如果第一个比特是 |0> 态，第二个比特将维持不变。

而对于量子计算单元来说，如果输入端是叠加态，那么输出端也会是叠加态，最终我们会得到一个四维空间中的量子叠加态。例如，当第一个输入比特是 |0> 和 |1> 的叠加态，第二个输入比特是 |0> 态的情况，输出量子叠加态则处在"两个光子都是水平偏振的"和"两个光子都是垂直偏振的"两种状态之间，这是一个纠缠态。

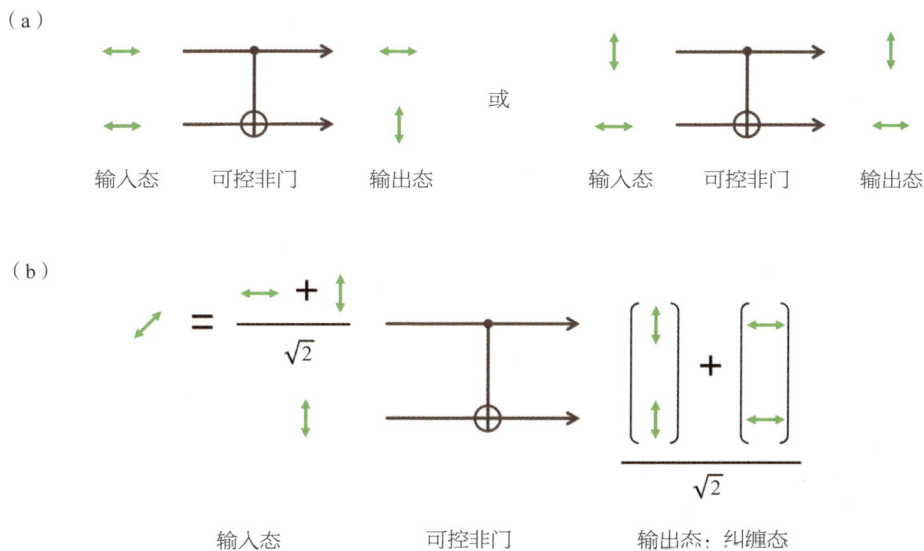

（a）

或

（b）

● **量子可控非门对量子态的作用**

上图中有两个量子比特。(a) 如果第一个比特是 |1> 态，第二个比特将从 |1> 态变成 |0> 态，或从 |0> 态变成 |1> 态；如果第一个比特是 |0> 态，第二个比特将维持不变。(b) 当第一个输入比特是 |0> 和 |1> 的叠加态，第二个输入比特是 |0> 态时，输出量子态则处在"两个光子都是水平偏振的"和"两个光子都是垂直偏振的"两种状态之间，这是一个纠缠态。

这就是经典逻辑门和量子逻辑门的区别：经典理论中，如果我有两个光子，一定是一个光子处在某一个确定的状态中，另一个光子也一定会在某一个确定的状态中。但是对处于量子纠缠的光子来说，情况并不是这样的。当这两个光子处在这样的纠缠量子叠加态中，它们的偏振方向一直保持相关，任何一个光子都没有独立的偏振状态。

量子纠缠与量子隐形传态

量子纠缠有一个重要的作用，就是量子隐形传态。

如果现在有一个光子，我们不知道它处在什么偏振状态，但我们希望获得这个光子的偏振信息，然后再将这份信息加载到另外一个距离十分遥远的光子上。这个看起来不可能完成的任务，就是量子隐形传态。

之所以说它看起来不可能完成，是因为我们并不知道第一个光子的偏振方向是什么。根据不可克隆原理，没办法在测量这个光子以得到它的信息的同时，却不对它产生任何影响。幸好，可以通过纠缠来解决这个问题。

首先制备一对纠缠粒子（粒子B和C），把粒子B和C放置到相距遥远的两地。然后，对粒子A和粒子B（它们处在同一地点）进行贝尔态联合测量。在这一步操作中，我们不关心其中任何一个粒子的状态，只关心它们之间的关系。既然这里有两个光子，测量后，将得到4种可能的结果，然后我们将这两比特信息发送到接收站，即C所在的地方。光子C从未接近过光子A，但是光子C和光子B是一对纠缠光子，再通过对光子C进行适当的操作，即根据接收到的AB之间联合测量的结果，相应地旋转C的偏振方向。最终结果是：将得到已经被摧毁的那个A量子叠加态的准确的复制品。

量子隐形传态并不能像《星际迷航》中一样将人瞬间传送到遥远的星球去。但量子隐形传态是搭建量子计算机的基本要素之一。

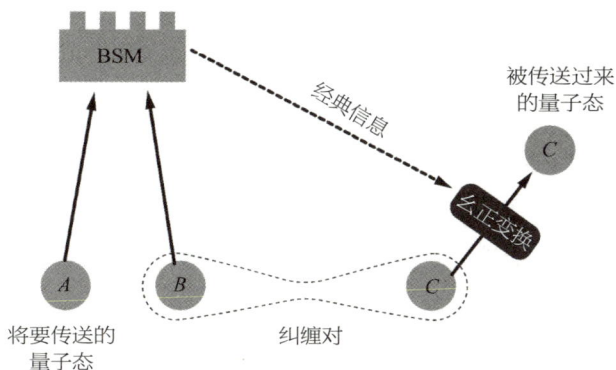

● 量子隐形传态示意图

对光子 A 与纠缠光子对的一个光子 B 进行贝尔态测量（BSM），并将结果通过经典信道传送到远端，根据测量结果对纠缠光子对的另一个光子 C 进行相应的幺正变换，即可将原本光子 A 的量子态传送到光子 C 上。

纠缠的"一夫一妻制"

量子纠缠的"单配性"，特别像一夫一妻制——如果两个系统彼此最大程度地纠缠在一起，那么它们将不能再与其他任何东西纠缠在一起。他们甚至不能再跟其他任何东西产生经典关联。例如，原本爱丽丝和鲍勃是一对纠缠光子，如果鲍勃希望自己可以跟爱丽丝和朱迪都纠缠在一起，你会看到，鲍勃与爱丽丝和朱迪的关系都会退化到经典相关随机。这就可以解释为什么量子纠缠无处不在，我们却一直到20世纪才发现纠缠。

自然界的大多数系统，都会跟它们周围的环境产生强烈的相互作用，这就像鲍勃和爱丽丝、朱迪之间发生的情况，量子纠缠立刻退化到经典的相关随机性。这个系统的各个部分之间曾经存在的任何纠缠关系都将会消失。所以，在过去很长时间内，当我们研究概率的时候，都不曾意识到其实是纠缠在起作用。

量子纠缠并非超距作用

爱因斯坦是20世纪家喻户晓的物理学家。但是，爱因斯坦是比较讨厌量子力学的。这种讨厌主要体现在两点，第一点是不确定性，它意味着以同样方式制备的系统会有什么样的表现，是不确定的、概率性的。爱因斯坦不喜欢量子力学的另一点就是量子纠缠。爱因斯坦将不确定性称为"上帝玩骰子"，将量子纠缠称为"幽灵般的超距作用"。爱因斯坦认为量子力学违背了物理理论需要满足的一个重要因素，也就是"任何一种现象或结果都必然有其原因"。

但是，量子力学解释了如此多在实验室里发生的奇妙现象，也带给了我们很多新的发明，我们现在用到的激光与半导体都离不开量子力学。研究量子力学的物理学家一直试图用不同的方式来解释它，尽管这些方式看起来是相互矛盾的。

在大众的传播中，量子纠缠一直是一个被广泛误解的概念。新闻记者将量子纠缠解释成是一种超距作用。关于这个问题，其实物理学家已经讨论了很长时间。大多数量子信息领域的科学家经常收到一些将纠缠理解成超距作用的提案，这些提案想将纠缠运用到长距离通信上，希望能实现超光速通信。但这就像永动机一样，是一个永远不可实现的梦。

38

对量子信息学的展望

实际上，量子信息就是换了一种方式的经典信息，量子信息是经典信息的一般化。量子信息更大、更美、更有力量。

经典比特就是量子比特的两个任意选择的正交态中的一个，例如垂直偏振或水平偏振的光子，它们的状态能够被完全区分。而量子比特由于量子态叠加原理，不能被完全区分。

与之相似，经典信道和量子信道的区别在于，经典信道可以准确地传导两种状态，但是会将两种状态的叠加态随机化，而量子信道不会。所以一个经典信道就是一个有窃听者存在的量子信道。任何不能被窃听的信道本质上都是量子信道。从这个角度来说，经典计算机就是每根导线都被窃听的量子计算机。

所以，量子计算机要实现惊人的加速性，不仅是搭建它的时候需要利用它的纠缠态，还需要保护它不被环境窃听，或者说不被环境干扰。

现实中，不可能将量子计算机与环境完全隔离，但好在我们也并不需要这样做。我们只要让每一个器件都运行得接近完美，就可以运用量子纠错理论进行纠错。

后来，经过许多人努力，在量子纠错理论上又发展出了容错计算理论，容错计算理论甚至可以承受在纠错过程中产生的错误。

如今全世界都在努力建造量子计算机。新闻记者常说："太好了，我们有了新的计算方式了。摩尔定律正在走向尽头。"事实上，摩尔定律早就走向尽头了，今天人们早已经习惯了摩尔定律的放缓，而量子计算可以指数级地提升运算速度。那么量子计算会为摩尔定律带来新的生机吗？很遗憾，答案是否定的。因为即使我们建造出能够完全纠错的量子计算机，它也无法加速解决所有的计算问题，只能加速解决一部分问题。

有一些问题，可以被量子计算机快速解决，但是经典计算机却需要花费很长时间；另一些问题，经典计算机和量子计算机都很难解决。

所以，我认为我们应该好好想想，在中短期内，在通用量子计算机出现前，我们还能够做什么。在我看来，其中最成功的是两个方向：一是我们在不断扩展量子保密通信的通信距离；二是量子精密测量，我们改进了计量和计时。举个例子，如今已经很常见的铷钟就是量子精密测量的产物。以前，铷是几乎不会被使用的元素。现在，铷元素却让我们得以搭建出更便携的原子钟，这种便携原子钟还可以用来同步其他的钟。事实上，铷钟短期内就可以完全应用到计时领域。

量子计算优越性——也有人称其为"量子霸权"，这个名词近些年被广泛关注。所谓"量子计算优越性"，就是用一个小的量子计算机，去做一些无用的但是对经典计算机来说很难做的事情。我想，这样做唯一的理由就是让人们相信量子计算机在原理上是可行的，如果建造一个更大的量子计算机，那么它可能就会有用了。但我认为，我们应该更多考虑如何去逐渐提升硬件，理解退相干的来源并找到解决办法，实现存储时间更长的量子存储，实现更长程、持续时间更长的纠缠，继而去推动量子计算的实际应用。

另外，驱动我在这个领域学习研究的最重要原因就是，理解什么是量子引力。量子信息不仅已经改变了我们对信息的本质的理解，而且，它在未来可能会帮助我们解决物理学中这个最大的问题。相比较而言，宇宙学家和高能物理领域的弦论学家喜欢思考有关量子引力的问题，其他人则对这类东西并不熟悉。有不少卓越的科学家认为，理解空间和时间的起源的方式，理解如何将引力和量子力学统一的方式，应当使用比量子信息理论更简单、基础的概念。或许他们正在使用一种新的方式来思考这个问题。我觉得这是最让人兴奋的领域之一，尽管很难想到近期内能有什么实际应用。

这让我联想到，当年爱因斯坦发现了时间和空间的关系，发现了很重要、很奇特的理论。今天，我觉得大众应该以同样的方式去理解量子纠缠。正如约翰·普雷斯基尔所说："遥想量子力学诞生的时期，经典力学无法解释热辐射，导致普朗克创立了量子力学。今天，我们无法理解黑洞蒸发时发生了什么，这一点是由霍金提出的，说明这里有一个可将量子力学和引力统一起来的问题。两个理论似乎都很有用。两个理论看起来都像是对的。一定存在一个可将这两个理论统一起来的问题。希望这个问题会在21世纪被解决。"

我认为科学发展大多数时候是渐进的。虽然媒体喜欢报道所谓的"重大进展"，实际上重大进展能够发生，往往是因为带来重大进展的基础科学已经发展得十分成熟了，以至于会有不同的人几乎在同一时间发现同样的东西。所以，大家需要的是耐心一点。举例来说，如果有人将威斯纳在1968年发现的量子货币早一点推广，或者我们更好地将其推广到量子信息领域，可能这个领域会早诞生10年。但是在50年或100年的时间尺度上，我们中的任何一个人都是不重要的，总有其他人会做出这些重要工作。

而且，我认为，科学是无法被准确预测的。举个例子，25年前，我在参观喷气推进实验室时遇到了一个科学家，他研究"旅行者号"探测器的动力系统。"旅行者号"探测器是在二十世纪七十年代发射的。据他说，当这个雄伟的计划开始的时候，他们希望它能够探测全部的4个巨行星。但是主管认为，只去木星和土星就行了。因为人们只听说过木星和土星，不会真的关心其他的巨行星。后来，他们遇上了200年内都不会再发生的时机——几乎所有的行星都排成一行了，可以多次使用重力弹弓，一次性探测所有行星。好在后来工程师在很多地方加固了探测器，把它做得足够牢固耐用，以应对木星上未知的辐射场。所以在"旅行者号"发射升天后，他们可以调整它的行程，让"旅行者号"去做了那些曾被否决的事情。所以，我们不要急于追问科学发现有什么用。对于这个问题，最好的回答来自本杰明·富兰克林，当人们问他的一些发明有什么用的时候，他的回答就是："新生儿有什么用呢？"

量子奇观：
从概率、复数，到量子干涉、量子计算机

阿图尔·埃克特

阿图尔·埃克特，量子物理学家，1961 年出生于波兰弗罗茨瓦夫，1985 年本科毕业于雅盖隆大学，1991 年在英国牛津大学获得博士学位。目前，他是牛津大学教授和新加坡国立大学教授。

埃克特是量子信息科学领域的先驱之一，提出了基于纠缠的量子密码协议（E91 协议）。另外，他也对量子计算理论和量子物理的其他分支做出了许多重要贡献。因其杰出成就，他获得了 2019 年度墨子量子奖。

（以下内容整理、节选自阿图尔·埃克特 2019 年在"墨子沙龙"上发表的演讲）

在进入量子计算世界之前，我先介绍一下量子物理学。我将从概率和复数开始，然后用一种非常有用的方法带大家了解量子物理学。量子物理学其实是一种新型的概率论，别无其他——量子物理学只是一种不同的概率计算方法而已。但是，这种不同的概率计算方法会产生很多奇异的结果。其中一个现象——量子干涉，将在本文多次出现。本文谈论的所有令人激动的新领域，如量子计算、量子通信等的背后都存在着量子干涉。

概率论与复数

为了对量子物理学有更深入的了解，我们需要先了解一点概率论和复数的知识。要学习量子物理学，概率论和复数是必须知道的两个基本数学概念。如果你还是学生，又对神奇的量子世界感兴趣，不要被人"忽悠"，认为这很简单。虽然这并不困难，但也绝不简单，必须花一些功夫认真学才行。想要深入了解量子物理学就必须学习一点数学。否则，就只是了解一点皮毛而已。

量子物理学家所使用的很多数学工具也都是基于这两个概念。其中，概率论可以定量地描述某些事件发生的可能性，而复数是实数的扩展。非常有趣的一点是，发现这两者的碰巧是同一个人。

这个人名叫吉罗拉莫·卡尔达诺，生活在16世纪的意大利。卡尔达诺是一名医生，他很早就对各种机械设备感兴趣，同时还是一位非常有成就的数学家，并且在16世纪的意大利知识界起着重要作用。卡尔达诺对赌博也很感兴趣，试图量化获胜的机会，因此，他成了第一个提出概率思想的人。他的研究比法国数学家早了大约一个世纪。

● 卡尔达诺

卡尔达诺还对求解某些代数方程感兴趣，并试图找到系统求解的方法。他想到了负数的平方根，并试图发掘其意义。他将这些研究成果收在《大术，或论代数法则》中发表。卡尔达诺在书中首次引入了复数，这是一项伟大的工作。一个新概念第一次出现了，这是我们在科学史中能够追踪到的复数最早出现的时刻。

因此，我们在量子物理学中使用的两个基本工具可以追溯到同一个人，这可真令人惊讶！

但事实上，卡尔达诺对负数平方根的研究没花太多的功夫。他认为那些数字太古怪了，它们没有什么用处。现在人们已经不再这么认为了，因为物理学、工程学和数学都在使用复数。在开始量子物理学之前，请先尝试理解复数。

如果你自认为已经了解复数，那我给你出道题目：

$$1 = \sqrt{1} = \sqrt{(-1)(-1)} = \sqrt{-1}\sqrt{-1} = i^2 = -1$$

这个算式最终推导出1等于-1，这显然是个错误的结果。如果你真正了解复数，就可以理解在哪里出了错。认真想一想究竟哪里出了错，这将有助于你更好地理解复数。

接下来我们说说另一个概念——概率，概率其实就是指某个事件发生的可能性。生活中我们一直在使用概率，比如我们预测未来某天有60%的概率会下雨，这是对我们很有帮助的信息。把概率量化是一件很有趣的事情，但这花了人们一些时间去思考，直到卡尔达诺提出基本的想法。然后，更多人试图把概率解释清楚。

明明已经知道概率应该怎样定义，为什么还需要更多人继续解释呢？计算 A 事件的概率就是先考虑所有可能发生事件的总数 N，然后再看其中 A 事件发生的个数 n。概率是一个比值：n/N。这不就是概率吗？但是仔细思考，我们会发现这当中为了定义概率，我们需要确立基本事件，然后必须做一个假设——那就是所有的基本事件的发生都是具有同等可能的。

什么叫同等可能？这是一个可能性概念，这个定义中使用"可能性"这一概念来定义可能性，这是循环定义的。事实上，在人们努力定义概率的不同方法中存在严重的问题，所以拉普拉斯、菲耐蒂、米泽斯等数学家登场了。如何定义概率，他们有各种各样的想法，感兴趣的读者可以自己去查找资料详细了解。

当然，数学家会说，这个问题在某种意义上已经解决了。有一个叫柯尔莫哥洛夫的俄罗斯数学家，他说不用在乎概率的意义，概率就是满足下述公理集的任何事物，这个公理集包括3个公理：第一，概率是一个非负数；第二，所有可能事件发生的总概率等于1，即所有事件概率相加为1；第三，概率满足"可加性"。我们将对此进行更谨慎的审视，它表明独立事件的概率是可以加起来的，即如果有两个独立事件A、B，如果想知道事件$C = \{$事件A发生，事件B发生$\}$的概率，那么只需将A、B独立发生的概率加起来就行了。很有道理，对吗？

这种美丽的概率数学理论，在数学上没有问题，但是大自然却不认可柯尔莫哥洛夫的概率可加性公理，如经典的双缝干涉实验。我们将在下面详述。

量子物理中的概率幅

双缝干涉实验，在任何一本量子物理学的教材中都可以找到，是量子物理中一个非常重要的实验。实验装置很简单：一个粒子源、一个带有两个缝的板、一个位于板的另一边的探测器。我们记粒子走其中一条缝到达某一终点的概率为p_1，走另一条缝的概率是p_2。按柯尔莫哥洛夫的概率可加性公理，粒子到达这一终点的概率等于两个概率之和，即p_1+p_2。但当我们实际进行这个实验的时候，结果却不是这样的。我们发现概率理论在这里不适用了。

概率理论在这里不适用意味着什么呢？显然我们不是在说数学家的理论是错误的，毕竟数学家不需要从物理工作中总结数学概念。但是，如果想使用数学理论对某些事情进行预测，就要跳出数学，不能仅仅满足于逻辑一致性，还要考虑这一数学模型是否真的可以描述自然规律。

事实证明，从这个角度看，概率论在量子领域是失败的，简单地利用柯尔莫哥洛夫的概率可加性公理并不能对实验数据做很好的预测。所以，科学家提出了一个新的概念——概率幅，我们从概率幅得出概率，概率幅成为新研究关注的焦点。什么是概率幅？它是一个复数。在此，概率论和复数在量子物理中相遇了。

在量子物理中，概率幅对应的意义是什么？它的引入会带来什么样的神奇变化呢？事实上，在量子概率事件中，我们给任何事件或过程分配一个复数，再用它们的模的平方来计算概率。然后我们会发现，通过对概率幅相加而不是将概率直接相加来计算概率，会得到一个有趣的预测：互斥事件的概率之和等于各自概率相加，以及还有一项数学表达式来修正结果。

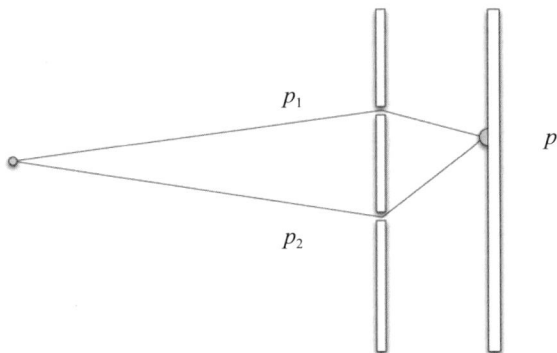

● 双缝干涉示意图

例如在双缝干涉实验中，p_1 代表粒子走上方缝隙的概率，p_2 代表走下方缝隙的概率，p 代表走上缝隙或下缝隙的概率。读者可以自行计算下 p 和 p_1、p_2 的关系，注意：p_1 和 p_2 分别是复数 a_1 和 a_2 的模平方，而 p 是 a（$=a_1+a_2$）的模平方。很容易发现，p 除了包含 p_1 和 p_2 之外，还包含另一项数学表达式，我们称之为干涉项。干涉项可以是正数，也可以是负数，这取决于量子设备，它是真正体现量子奇特的地方。

由此得出一个令人惊讶的结果，人们可以通过控制最后一个表达式，来提高概率或降低概率！换句话说，人们可以在一定程度上操纵某件事情发生的概率！这就是量子物理的力量！如果能控制量子现象，那就能提高某些事件发生的概率，或者降低某些事件发生的概率。

即便不想深入地学习数学，也请记住量子干涉的原理。量子干涉会修改概率！通过控制量子现象，我们可以增加也可以减少某些事情发生的可能性。物理学家怎么做到的呢？物理学家通过量子干涉仪来实现。到目前为止，我们可以使用光子、原子、离子，等等。只要控制这些量子对象，就可以引起量子干涉，更进一步，我们可以使用干涉现象来构建量子传感器、量子计量学和原子钟。

量子计算

如果我们有很多粒子，并且它们相互相干，我们就可以将量子相干用于量子计算。这样会发生什么呢？我们先来看看经典计算。

我们从最熟悉的计算机来开始思考，想象一个大型计算机，它具有有限个不同的状态。一开始，我们让计算机处于某一特定的状态，我们将这一初始状态称作"输入"。从"输入"开始，我们可以一路跟踪计算进程，直到最终"输出"。而计算可以看作是从一种状态转到另一种状态，再到下一种状态……最终到达某种最终状态，即"输出"的过程。这"输出"就是计算机计算后给出的答案。

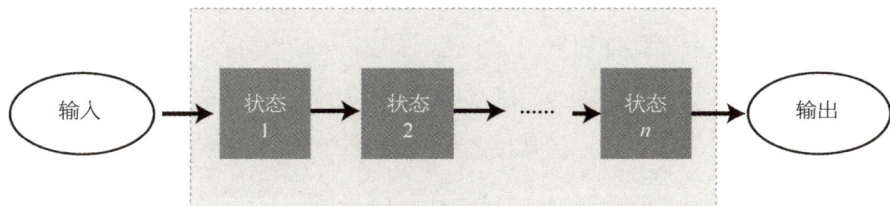

● 计算过程示意图

除了上述的经典计算，我们也可以以概率的方式来进行计算。例如，计算机可以基于扔硬币来做出决策，这意味着到达不同的状态具有不同的概率。而计算机有可能遵循不同的计算路径，这就是基于经典概率的计算。计算机科学家使用这种类型的计算做了很多有趣的算法，这些算法依赖于这种计算方式。

接下来，我们来看看量子计算。如果我们在量子系统中进行这种类型的计算，会有什么不同呢？我们会引入量子相干。根据前面的描述，我们知道，一旦引入量子相干，计算路径就不仅仅是概率相加了，而是概率幅相加。而实际上量子计算的整个技术，就是以一种巧妙的方式来利用量子相干。通过操控量子相干，我们可以提高出现正确答案的概率，减少出现错误答案的概率。这就是量子计算的主体思想。

量子计算令计算机科学家非常兴奋，因为这种进行计算的方式，可以以某种方式轻松解决一系列难题。这涉及一个词，叫作计算复杂度。有一些数学问题很容易，而有些则很困难。怎么定量地去描述难易程度呢？一种量化的方法是，只考虑给定的算法，然后用庞大的输入来运行它，观察它的执行时间。举一个简单的例子，如果想知道乘法运算的算法是好是坏、高效还是低效，要做的就是运行这个算法，并逐步增加输入乘数的位数，从一位数开始，到两位数、三位数……并查看执行时间如何增加。如果随着输入位数的增大，执行时间至多呈多项式增长，那么我们可以认定这是一个高效的算法。但是，如果它似乎呈指数增长，那就有麻烦了，即使这种算法可以解决问题，但是会花很多的时间，有些甚至比人的一生还长，或者可能会用完内存或某些有限的物理资源。

基于此，物理学家和计算机科学家定义了计算复杂度。他们称，一个问题能在多项式时间内解决，它就是经典问题，记为"P"。这意味着它们很容易，现在的计算机也可以很好地处理它们。但是，如果一个问题能被算法以指数时间解决，这个算法就不是很好，这个问题是困难的。比如因式分解问题——将一个给定数字分解成质数的乘积，它是乘法的反向运算。我们知道乘法很容易，但是因式分解却不那么容易。这实际上是指数级困难的问题。如果给一个数字15，很简单，15等于3乘以5。但是，如果给更大的数，并继续增加给出的这个数字的位数，那么在合理时间内分解它将变得越来越困难。随着位数的增加，哪怕是世界上最强大的计算机，仍然会需要超乎寻常的时间才能解决。但是我们相信量子计算机可以解决一些这样的难题，如因式分解问题，量子计算能使它变得很容易。在我们对量子计算本质的理解上，这是一个很大的成就。

如果量子计算这么完美，为什么我们现在还没有量子计算机呢？这与量子相干有关，因为存在退相干的问题。什么是退相干？退相干是由于量子计算设备中的不同组件会与所有事物交互作用，不仅限于计算机部分，通常还涉及与环境的交互。事实上，由于许多我们无法控制的、不必要的交互作用，计算过程中的相干基本上消失了。因此，量子计算失去了它应有的能力，甚至没有达到常规概率计算的能力。

那么我们可以建造量子计算机吗？我想通过一些建筑学的知识，来告诉大家目前在制作量子计算机进程中所处的阶段。

● 伟大的建筑及其组成构件

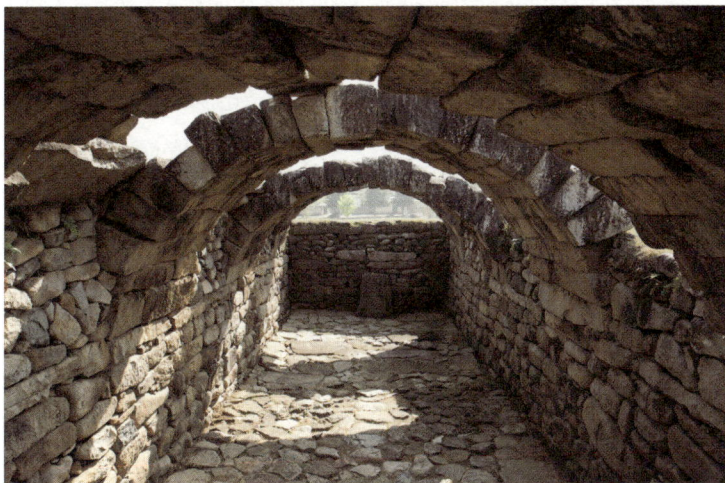

● 拱门

　　本页的上图显示的是一座美丽的、伟大的建筑，很漂亮，但是从工程师的角度来看，它是一个糟糕的结构。古希腊人知道如何建造美丽的庙宇，但是他们不知道如何用屋顶来覆盖巨大的区域，因为他们缺乏相关知识。到了罗马时代，人们提出了拱门（本页的下图）的概念，建筑进入下一个阶段。在建筑的历史中，建造拱门实际上一直是一件大事。将石头堆在两侧，并且将它们向中心弯曲，在大多数情况下它们会坍塌。但是，如果设法爬到了顶部并铺上那块关键的石头——拱心石，整体结构会神奇地稳定下来。拱心石必不可少，将其移除会使整个建筑崩溃，而留下它，建筑就会稳定下来。一旦有了拱门，我们就可以继续做拱顶，可以建造覆盖更大面积的建筑物。拱门是建筑学发展的不可或缺的环节。

我们以此类比量子计算机现在的发展方向。目前，我们正处在完成基本"单元块"的阶段，这相当于砖块，我们有很多逻辑"砖块"的知识。接下来的目标是建造一栋美丽的建筑——一台量子计算机，但我们必须跨越一道门槛，拥有一块拱心石，然后才能建造拱门。这块"拱心石"被称为容错计算，这是物理学家正在努力的方向。

现在的阶段，可以认为就是开始建造拱门和拱顶的时候。而把建筑物建得更美丽宏大，是未来的问题。目前，我们知道如何将这些令人惊叹的"砖块"放在一起，但是我们目前还无法构建拱门，我们暂时处在建筑墙壁和"石柱"的水平上，就像那些美丽的希腊神庙一样。我们仍在等待新的突破，一旦得到"拱心石"，事情应该会更容易。但目前这仍然是一个悬而未决的问题。

神秘的量子世界：
从概念基础到技术应用

安东·塞林格

安东·塞林格，量子物理学家，1945 年出生于奥地利，1971 年获维也纳大学博士学位。目前，塞林格是奥地利科学院院长、维也纳大学教授。

塞林格长期从事量子物理和量子信息方面的前沿研究，是国际上量子物理基础检验和量子信息的先驱。1997 年，他和同事首次完成了量子隐形传态的原理性实验验证，该成果成为量子信息实验领域的开山之作。他还与合作者提出并在实验中制备了首个多粒子纠缠态，在国际上率先开展中子、原子、大分子的量子干涉实验，进行量子力学非定域性检验……

因"用纠缠光子进行实验，证实了量子力学违背贝尔不等式，开创了量子信息科学"，塞林格与阿兰·阿斯佩、约翰·F. 克劳泽分享了 2022 年诺贝尔物理学奖。另外，他获得的重要奖项还有 2010 年度沃尔夫物理学奖、2019 年度墨子量子奖等。

（以下内容整理、节选自安东·塞林格 2019 年在"墨子沙龙"上发表的演讲）

大约从二十世纪七十年代开始，人们开始在实验上深入探索量子世界，思考这个世界是否真的如此奇妙。当时的人们并不是为了应用而进行实验，新生的"婴儿"又能做什么呢？所以，我们之中的一些人在二十世纪七十年代和二十世纪八十年代早期所做的工作在当时并没有什么实际用处，但后来我们却收获了惊喜。这是我生命中最大的惊喜之一，我确信这样的事情还会再发生。

相信大家对量子物理的一些基本概念已经有所了解。我想从另外的角度来讨论这些概念。大家闲暇时可以思考一下这些与众不同的概念，也许会对你有所帮助。

从双缝实验说起

玻尔是一名丹麦的理论物理学家，关于量子力学，他和爱因斯坦有过激烈的讨论，大家一定听说过这些故事。

请注意右图中最前面的那条缝，它在这个实验中非常重要，它使得光源保持稳定，这样才能看到干涉条纹。当一束光——也可以是其他粒子，如电子——到达并透过第一条缝，

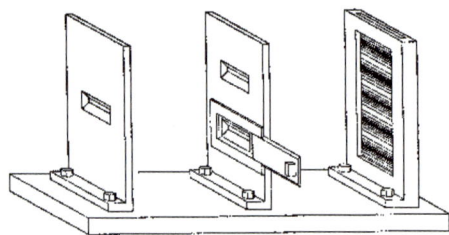

● 尼尔斯·玻尔绘制的双缝实验装置

然后穿过中间的两个缝隙，你会在观察板上看到明暗相间的条纹。从波的角度出发，这很好理解，但是如果我们只让一个粒子穿过，会发生什么呢？当只有一个粒子穿过时，这个可怜的粒子会怎样呢，它会落在哪里？

情况似乎是这样的：当一个粒子落在了某处，你发射第二个粒子，它也会有一个落点。如果你发射了成千上万个粒子，这些粒子将会飞过缝隙，产生成千上万个落点——最后你会看到明暗相间的条纹。然而，当你关闭其中任一条缝隙时，这些条纹都将会消失。也就是说，基本上每个穿过缝隙的光子都"知道"这两个缝隙是打开的还是关闭的。

这时爱因斯坦说："光子本来就必须穿过这两个缝隙之一，不是吗？这有什么意义，只是换个方式表述了而已。"这是爱因斯坦1909年所说的。他认为，一个光子只能从这里或者那里穿过，所以条纹只会在很多光子同时穿过时出现。它们相遇，互相交流信息，知道哪条缝隙是打开、哪条是关闭的，从而可以重新设置自身的"性质"。

现在已经有很多实验可以一次只让一个粒子通过。那么，答案是什么呢？目前的观点是，一个粒子可能经过宇宙中的任意一条路径，要想观测到明暗相间的干涉现象，只有在没有路径信息的时候才能做到。这就是信息所扮演的角色。很重要的一点是，问题的关键不在于你是否一直盯着粒子看，而在于你是否得到了粒子行走路径的信息。

双缝干涉实验通常使用光子进行实验，不过从原则上讲，没有人规定大的粒子就不会发生干涉。但这对于实验学家来说，是一项巨大的挑战。我和我的同事在国际上率先开展了中子、原子、大分子的量子干涉实验。

再提一个很有名的概念——"薛定谔猫"叠加态，我们不讨论其中的细节。这只猫处在死和生的叠加态。那么，我们能在多大的系统里观测到这样的叠加态呢？它对系统的尺度有没有限制？这成为实验上的挑战。甚至，我们能在生命系统中观测到叠加态吗？我的答案是，可以！当然，在生命系统中，很多相关的领域的研究还是空白的。

53

● 薛定谔猫

还有一个相关的概念——随机性，这是一个有争议的概念。假设我们有一个非常弱的光源，发出的光通过一个玻璃片。这个玻璃片是一面镜子，却不是一面很好的镜子，它会反射一半的光，然后让另外一半透过去。想象你站在商店的橱窗前，你能看到店里的东西，也能看到自己，它就是这样的一面镜子。

那么，大家思考一下：如果单个的光子或单个的其他粒子来到镜子上，会发生什么呢？这个粒子会做什么？它会穿过去还是被反射？量子物理告诉我们，它不可再分，所以它必须做一个决定。两边都有一个探测器，当这个光子被反射了，我们称这件事为"0"；当它穿过去了，我们称之为"1"。

当然，上述描述方式是不准确的，因为这个粒子并不是去这里或者去那里——它是以两条路径的叠加态形式传播，就像在双缝实验中那样。它并不知道自己在哪，没人知道它在哪。但是当我们在路径上放了探测器，粒子最终会"啪"地一下撞击了其中一个探测器，这时候，这个粒子的叠加态就塌缩到了这里，也就再也不会出现在另一个探测器上了。1927年，这样的事情让爱因斯坦感到非常困惑。

另外，这个实验除了能够产生有趣的现象，还可以提供一串随机数。当科学家一个接一个去做很多次这样的测量，就会得到一串随机数。这也是潘建伟教授团队所从事的一个重要工作。

现在的问题是，我们能否从原则上解释：为什么在这种情况下光子会被反射，而在另外一种情况下光子会穿过去？量子力学并没有给我们解释。或许不是所有人都同意，但我个人的诠释是，这是一种新的随机性，一种在经典图像下不存在的随机性。这一随机性不是由于我们没有足够的信息，而是由于这个世界本身就没有足够的信息。这是我个人的观点，也是海森堡和玻尔等人的观点。不过爱因斯坦不这么认为，他不喜欢这个观点。他有一句很著名的话："上帝不掷骰子。"玻尔回答他："不要教上帝怎么掌管这个世界。"

当一个粒子或其他物体处在两个概率事件的叠加态时，我们称其为量子比特。一个简单的开关，只有开或关两个状态（让它们分别对应"0"和"1"），可以看作是一个比特。如果我们进行打开或关闭的动作，两个状态的切换就会立马实现，而一个量子比特会是两个状态的叠加态。但你没办法去观测它，因为你观测它的一瞬间，它就会塌缩成开或关。但我们只需要想象一下，这东西是0"和"1。"和"这个字在这里有了新的含义，它的含义和经典物理中不一样，它代表着所有你可能测到的态。

量子纠缠

1935年，爱因斯坦和波多尔斯基、罗森一起发表了一篇文章，题目是《量子力学对物理实在的描述能被认为是完备的吗？》。这就是著名的EPR文章。他们在文章中提出，如果有两个粒子，它们相互作用后分开，这样就会出现对其中一个粒子的测量会影响另一个粒子的情况。爱因斯坦不喜欢这种事情，并且将其称为"幽灵般的超距作用"。对于这篇文章，《纽约时报》评论道："爱因斯坦攻击了量子理论：一位科学家和他的两个同事发现它并不完备。"如果你和爱因斯坦一起发表文章，你就不被称为"科学家"了，仅仅是个"同事"。

随后，薛定谔用了一个非常漂亮的词语来描述量子纠缠。他使用了德语"Verschränkung"，意思是两个物体关联了起来，但对应的英文翻译"Entanglement"表意很糟糕，就像在表示一团乱麻。相比之下，德语名字就好多了，它指的是两个事物之间非常好的关联，这个关联可能在未来被用以实现"纠缠的骰子"。我们现在买不到它，也许在未来的50年内可以买到。所谓纠缠的骰子就是指，无论这对骰子相距多远，如果你扔了一个6，那么另一个也会是6；如果你扔了一个3，那么另一个也会是3；照此类推。它们完美同步，但实际上它们之间并没有连接起来。薛定谔表示这不是我们现在已知的物理，这是新的物理现象。

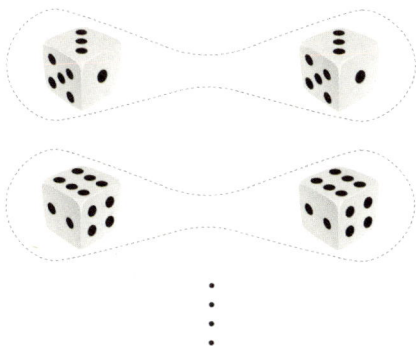

● 神奇的骰子

量子密码学

现在我们开始讨论量子密码学。量子密码学有趣的地方是，两个人用经典的信道来交换信息，然后他们使用量子信道来建立密钥。你可以让窃听者操作所有的信道，但只要你操作正确，就算是马卡罗夫教授（注：一位著名的量子黑客）来做信道攻击，你仍然是完全安全的，窃听者无法获得任何信息。实现的方法之一就是利用纠缠。

首先，我们需生成一对纠缠的光子，假设它们在偏振维度发生纠缠，然后把它们往两端传输。这时，位于两端的爱丽丝和鲍勃测量它们的偏振。在每一端，都能测到垂直或水平偏振，也就是0或者1。重点是，如果爱丽丝和鲍勃在两端进行同样方式的偏振测量，那么两人的结果就会完美相关：要么都是0，要么都是1。

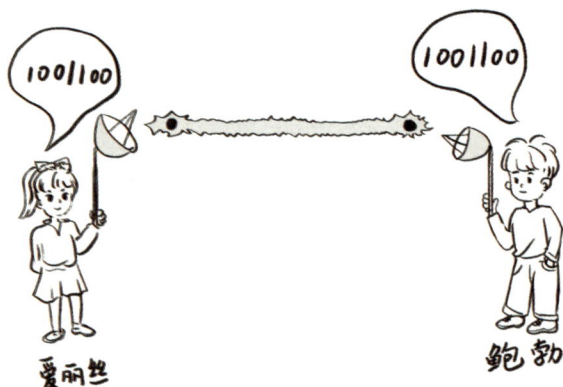

● 结果的一致性

爱丽丝和鲍勃获得了两个随机数序列，它们是完美关联的，也就是同时在两地生成了密钥。注意，在这种方式中，你不需要传输密钥。你需要做的是，对原始数据加密。比如爱丽丝想要发送一张图片，那么我们将要发送的图片和爱丽丝的密钥这两组数据混合成一幅图，这就是传输过程中间的加密图片。由于采用"一次一密"的加密技术，其他人无从破解这张图到底是什么。但是鲍勃有相同的密钥，他可以一个比特、一个比特地将这幅图解码出来。

量子隐形传态

量子隐形传态也是一种奇特的量子现象。

在科幻作品中，量子隐形传态大概就是大喊一声："斯科蒂，传送我！"（注：《星际迷航》中的经典台词）电影为什么会这么拍？电影这么拍是为了节省制作成本！一艘飞船到达地面，需要拍摄完整的飞船和飞船着陆，拍摄这样的场景是很贵的。但是拍摄一束光把人传过去的场景就不贵了。

电影中的设定是扫描物质获得信息、传输信息，然后重组物质。这个设定已经被很多人批评，因为这是不可能实现的。由于量子力学原理，如果你只有一个系统，我们是无法获得系统的所有信息的。海森堡（量子力学奠基人之一）说："不可能完全测量出系统状态的全部信息。"所以电影制作人在电影中发明了"海森堡补偿"的概念，当然这实际上并不存在。

正如海森堡所说，你无法完整地测量出要传输的初态的信息，而量子隐形传态妙就妙在：你并不测量要传输的初态，你仅仅只是利用了纠缠。借助量子纠缠，我们可以将未知的量子态传输到遥远的地点。1997年，我和同事首次完成了量子隐形传态的原理性实验验证，实验非常成功。潘建伟也是这个实验的重要参与者之一。

在最初的实验中，我们实现的传输距离很短。后来，我们又完成了跨越多瑙河的量子隐形传态实验，以及非洲加那利群岛之间的远距离纠缠和隐形传态实验。岛屿之间的距离是百公里左右，在很长时间内这都是纠缠分发的最长纪录。很显然，这个纪录现在被"墨子号"量子科学实验卫星打败了。

墨子是中国古代的一位哲学家，他是第一个证明光沿直线传播的人。你可能会说，这不是很显然的吗？但它是需要证明的。"墨子号"量子科学实验卫星的命名就是为了纪念他。通过"墨子号"量子科学实验卫星，科学家不仅实现了千公里级的纠缠分发和量子隐形传态，还实现了第一个洲际量子通信实验。

未来可以做什么

中国在远距离量子通信领域已经领先于世界。通过"墨子号"量子科学实验卫星以及上海和北京之间的量子"京沪干线"，科学家在千公里级距离上实现了纠缠分发和量子通信。全球性量子网络的远景也很令人振奋：地面上，我们有局域网，通过空气和光纤来传播光子；然后建立地面和量子卫星的联系，从而把信号传到世界上任何一个地方。我们也想在欧洲建立一个量子网络，不过尺度比中国的要小得多。

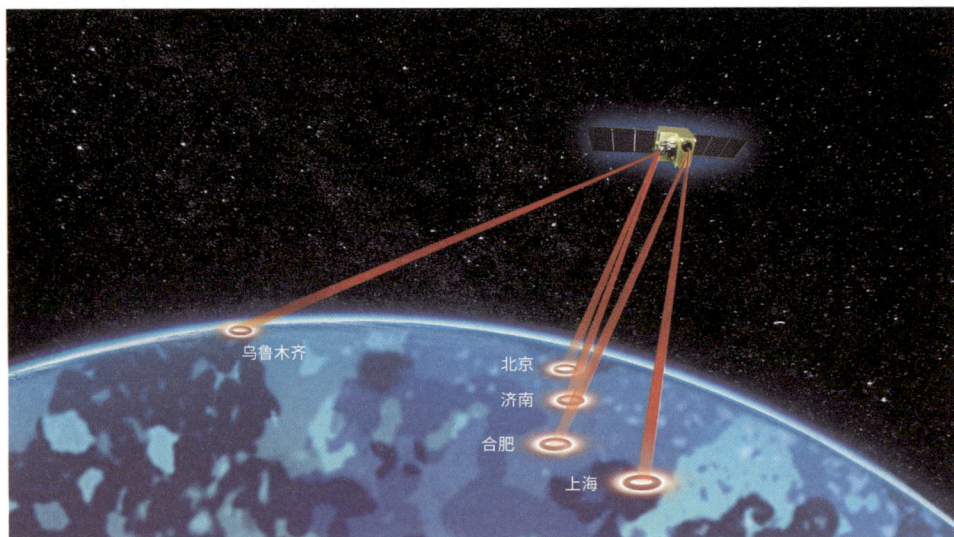

● 天地一体化量子通信网络

我相信，我们会为未来的发展感到惊讶。

量子世界的密码学

吉勒斯·布拉萨德

吉勒斯·布拉萨德，1955 年 4 月出生于加拿大蒙特利尔，1972 年，在蒙特利尔大学获得计算机科学学士学位；1979 年，在康奈尔大学获得理论计算机科学博士学位；1988 年起，任蒙特利尔大学物理学教授。他是 2018 年度沃尔夫物理学奖获得者、2019 年度墨子量子奖获得者。

布拉萨德在建立量子通信的理论框架方面做出了大量先驱性贡献。特别是，1984 年他与查尔斯·本内特一起提出了首个量子密钥分发协议：BB84 协议。这使得无条件安全的量子保密通信开始登上历史舞台，并通过物理学家的不断努力，逐步走进人们的现实生活。

（以下内容整理自吉勒斯·布拉萨德 2019 年在"墨子沙龙"上发表的演讲）

密码学长久以来都是加密者和破译者之间的争斗，这种争斗已经持续了很长的时间。比如说，古希腊时期就出现了密码棒之类用于加密的东西。它至少已经问世 2500 年之久了，是密码学最早的见证。所以说，密码学是一个古老的话题。长时间以来，它都是一门艺术，但是现在变成了科学。

事实上，我们生活在一个量子的世界。这对加密者来说是好事吗？或者换一种说法，量子的世界对加密者和破译者哪一个更有利？和经典世界相比，有哪些东西发生了改变？当然，还有一个更重要的问题：加密者和破译者，谁将会获胜？

说到这里，我想起一位19世纪的美国小说家、诗人爱伦·坡。他虽然没有任何科学研究背景，但他是一位非常优秀的、自学成才的密码学家。他写了一本叫作《金甲虫》的小说，这本书是他最有名的科幻小说之一。在书中，爱伦·坡讲了下面这个故事。

一个名叫威廉·勒格朗的人，在森林中发现了一页看起来非常奇怪的手稿，当他将这张羊皮纸靠近火光，透过火光观察它，出乎意料地，密文出现了。

威廉·勒格朗意识到这些文字一定和海盗宝藏的埋藏地点有关。于是他开始了长达10页篇幅的解密的过程。这是书中十分精彩的一段，许多现实世界的密码学家在他们小时候都读到了这个故事，他们纷纷被密码学的艺术之美所吸引，进而成长为真正的密码学家。

威廉·勒格朗是怎么破解密文的呢？首先，他要统计每个字符出现的次数。他发现字符"8"是出现最频繁的。而在包括英语在内的大多数西方语言中，出现次数最频繁的字母是"e"，因此威廉·勒格朗认为"8"就代表字母"e"。然

后他发现，字符"；48"出现了很多次，假设原文是英文，所以这必定是单词"the"——"the"是由3个字母构成并且以"e"结尾的、出现最频繁的单词，所以很可能"；"代表"t"，"4"代表"h"。在经过10页文字的推导后，他证实了他的猜测，并照此类推得到一些其他的结论。

他按照对应关系来替换密文中的字符，就会得到明文，再把空格加到这段文字里，最后，他在当天就找到了宝藏。在密码学里，威廉·勒格朗通过推理找到的明文和密文的对应关系，就叫密钥，密钥是明文和密文之间相互转换的工具。

```
53‡‡†305))6*;4826)4‡.)4‡);80
agoodglassinthebishopshostel

6*;48†8¶60))85;1‡(;:‡*8†83(88)
inthedevilsseatfortyonedegrees

5*†;46(;88*96*?;8)*‡(;485);5*†
andthirteenminutesnortheastand

2:*‡(;4956*2(5*-4)8¶8*;40692
bynorthmainbranchseventhlimb

85);)6†8)4‡‡;1(‡9;48081;8:8‡1
eastsideshootfromthelefteyeof

;48†85;4)485†528806*81(‡9;48
thedeathsheadabeelinefromthe

;(88;4(‡?34;48)4‡;161;:188;‡?;
treethroughtheshotfiftyfeetout
```

● 《金甲虫》中密文和明文的对应关系

A good glass in the bishop's hostel in the devil's seat forty-one degrees and thirteen minutes northeast and by north main branch seventh limb east side shoot from the left eye of the death's-head a bee line from the tree through the shot fifty feet out

● 《金甲虫》中的明文

这种加密方法是将每个字母替换为另一个符号，用密码学的术语叫作"单码替换法"。金迪发明了破解单码替换法的方法。金迪一生中写了300多本书，其中一本是介绍如何破译加密信息的。遗憾的是，这本书曾有一部分遗失，过了很久才被找到，所以在历史上它并未产生很大的影响。

那么，在加密者和破译者的较量中，最终究竟谁会获胜呢？爱伦·坡有一个非常清晰的观点，他笃信破译者将会是最后的赢家，"可以全面断言，人类的创造力还不足以创造出人类不能破译的密码。"换句话说，不论你是一个多么聪明的加密者，总会有一个比你更聪明的破译者。破译可能需要一段时间，但是加密者终将被一个足够聪明的破译者击败。爱伦·坡的坚信并非没有道理，仅仅在他发表这个论点几年后，一个持续了301年没人能够破解的加密方式（维吉尼亚在1586年于《数字的密写》一书中提出）被破解了。

那么，爱伦·坡所说的破译者终将获胜是正确的吗？在判断之前，我们需要了解一些关于密码学的内容。

关于密码的产生有两个问题，一个问题就是如何获得一串共享密钥。也就是说，作为通信双方的爱丽丝和鲍勃，想要秘密地进行通信，他们需要知道密钥是什么。这套共享的密钥，一人用来进行加密，另一人则用来进行解密。另一个问题则是怎么使用密钥。我们在爱伦·坡的小说里看到的就是一种可能的使用方式。

第一个问题，我们把它叫作密钥的建立，第二个问题则是在加密和解密过程中如何使用密钥。加密是将明文转换为密文，解密是将密文翻译成明文。让我们首先关注第二个问题，在我们已经有密钥的情况下怎么使用它。

我们刚才说过《金甲虫》中的例子——将明文中的字母按照密钥中的对应关系依次替换，这样就得到了密文。一旦有了密文和密钥，就可以反过来将每个字符——替换成明文。但是在公元9世纪，金迪就已经破解了它。它不是一个保密的好办法，只适用于初学者。

是否有更好的方法呢？维吉尼亚的方案在长达300年的时间内都保持了高保密性，但是它最终还是被破解了。另外，德国人在第二次世界大战中使用的恩尼格玛密码机也被破译了。在15年甚至更长的时间里，美国政府想要使用一个叫作数据加密标准（DES）的加密系统，但是后来也被放弃了。之后美国政府提出了新的高级加密标准（AES），它是由比利时人发明的。这就是现在的加密标准，已经使用了将近20年，还没有人声称找到破解它的方法。就目前而言，它是安全的，但是对其安全性，我们并没有进行严格的证明。

另一种加密方式诞生于19世纪，叫作"一次一密"。大多数人认为它是被吉尔伯特·维尔南或者约瑟夫·莫博涅在20世纪发明的，事实上应当更早，它是1882年被一位银行家发明的。"一次一密"是一种加密和解密信息的方式，它是无条件安全的。无条件安全的意思是，如果窃听者得到了编码信息，也就是密文，他无法获得任何明文的信息，即使有无尽的计算能力和最尖端的技术也无法破译。20世纪中叶，克劳德·香农在数学上证明了这种加密算法的安全性。

那么，既然我们已经有了"一次一密"这种完美的加密和解密方式，为什么还要用别的方案呢？我们为什么还在浪费时间研究量子密码学或者一些其他的加密方式呢？因为"一次一密"存在一个问题——需要大量的密钥。对每一比特的信息，都需要一比特的密钥进行加密。这是很不方便的。不过，在安全需求很高的情景，我们使用这种加密算法是合理的。比如说，在冷战时期，赫鲁晓夫和肯尼迪之间的通话就使用了这种方式。当时，这串完全随机的密钥比特被保存在磁盘上，由外交官乘坐飞机把密钥亲手交给对方。对于如此高级别安全性的特别通信，这种方式是很好的，但是在当代，对于任意两个人间想要进行的秘密通信的需求，这种方式就过于麻烦了。

如果有人问：密钥是怎么建立的？我们可以回答，实际上有3种方式可以建立密钥。

第一种，爱丽丝和鲍勃可以使用一个可信的第三方，就像赫鲁晓夫和肯尼迪之间的外交官，这种方法已经应用在现实生活中；第二种，我们可以使用基于计算复杂度的计算安全性；第三种，我们可以使用量子理论。

说起第二种方式，它有一段非常有趣的历史。

大多数人认为这种方式首先由惠特菲尔德·迪菲和马丁·海尔曼在1976年发明，那一年诞生了一篇非常有名的文章——《密码学的新方向》。一年后，罗纳德·李维斯特、阿迪·萨莫尔和伦纳德·阿德曼从迪菲和海尔曼的工作出发，发展出了著名的RSA加密系统，RSA就是他们三人姓氏开头字母拼在一起组成的。RSA开始在世界范围内的安全网络中广泛应用。大约在同时，罗伯特·麦克利斯也提出了另一个实现迪菲和海尔曼想法的途径。这是我们通常所认为的发展历史。

● RSA 加密

事实上，在迪菲和海尔曼论文发表的前2年，拉尔夫·默克勒就有和他们几乎相同的想法。但很不幸，他在1974年的想法在1978年才以论文的形式发表。

实际上，RSA是在更早些时候被克利福德·科克斯提出的。科克斯的工作是基于詹姆斯·埃利斯的。科克斯根据埃利斯在3年前写的一份草稿，用一个晚上的时间思考和验证了RSA系统。只不过，由于他在英国特勤局工作，尽管他发明了RSA，却不能告诉其他人。

从定义出发，计算安全性对密钥的保护是基于这一前提：窃听者没有足够的计算能力破解它。所以从定义来说，它就不是无条件安全的，因为在计算时间充足的条件下总可以破解。

对于爱丽丝和鲍勃来说，他们想要建立一个共享的密钥，同时他们要通过一个公共信道进行交流，而这个公共信道没有任何反窃听的保护措施。在经过一些通信后，他们有了相同的一串字符，被用来作为密钥。更神奇的是，有一个全程在窃听的人，他想要获取密钥却做不到。这听起来像是魔法，不过我们知道如何在一些关于计算能力的假设下做到这一点。

就在我们认为RSA系统十分安全的时候，别忘了，我们存在的这个世界是量子的。加密者、破译者和通信信道都可能是量子的或经典的。

如果每个人都是经典的，事情会比较简单。在经典世界中，我们每天都在大量的、数以百万计地使用RSA等方案来建立密钥，并保证整个互联网框架的安全性。

但是，如果破译者有量子计算机，情况可能会大有不同。我们把这称为"后量子密码学"，意思是说，加密者还是经典的，但是破译者可以使用量子计算机。在这种情形下，有一种分解大数的方案，它是由彼得·肖尔提出的，肖尔是2018年墨子量子奖的获奖者之一。他发现量子计算机可以有效地分解大数，也可以有效地提取离散对数，而这两点正是RSA和迪菲-海尔曼算法所依赖的，甚至包括椭圆曲线加密算法也是如此。要完成这两件事，你需要一台量子计算机，而一旦你拥有，一切将迎刃而解。

另一个重要的量子算法是格罗弗算法。如果有一个函数，对于N个点，只有一个点的结果为1，其他的均为0。你想要找到这个满足$f(x) = 1$的点，如果用经典的方法来找这个点，我们除了尝试不同的输入以外别无他法，不管是随机试还是逐个试。这样平均下来至少需要尝试半数的点后才能找到，所以在经典的情形下，你需要调用$N/2$次函数f才可以找到x。格罗弗发现了一种依托量子计算机的算法，你可以只需根号N次的调用就可以找到x。这种算法十分出色。肖尔算法可以使我们的运算速度比在经典计算机上有指数级提升，而格罗弗的算法相比经典只有平方量级的提升，但是它却拥有非常广泛的应用——任何搜索问题都可以应用格罗弗算法进行加速。

在这种情况下，我们重新思考密钥建立问题，就会发现，如果我们给窃听者一台量子计算机，量子窃听者将会改变现在的通信密码现状。一旦你掌握了格罗弗算法，默克勒系统就被破解了；肖尔算法对离散对数的提取破解了迪菲-海尔曼算法，而对大数的分解破解了RSA。现在，整个密码学框架都仰仗于迪菲-海尔曼算法或RSA的安全性，一旦量子计算机被发明出来，这个框架将会瞬间崩塌。

值得一提的是麦克利斯加密系统，它还没有被量子算法破解，如果我们当时采取了麦克利斯加密系统，也许今天不会如此窘迫。但当时之所以没有选择麦克利斯加密系统，主要是因为麦克利斯加密系统需要更长的密钥。在当时的人们看来，如果需要兆字节量级的密钥，加密设备的体积会大到一只手拿不下的地步。这在今天看来很可笑，因为今天的兆字节设备是非常小的，但在当时，这可能是最好的决定。而现在，我们不得不面对量子计算对迪菲-海尔曼或RSA系统的威胁。

进一步想，如果加密者也是量子的，那么就有可能挽救今天的局面。如果加密者是量子的，那就意味着爱丽丝和鲍勃现在拥有了量子计算机，可能量子计算机将会使得爱丽丝和鲍勃实现安全的密钥建立来抵御量子的攻击者。不幸的是，现在还做不到。到目前为止，量子计算看起来对破译者更有优势。

还记得我们文章开头提到的问题吗？量子理论对于加密者是好事还是坏事？答案看起来像是后者。爱伦·坡很高兴，加密者很惆怅。

接下来，我们思考一下，如果拥有量子信道，事情又会变得怎样？事实上，我们甚至不需要加密者是量子的，而只需要一个小的干涉。爱丽丝和鲍勃之间的信道变成量子的，那么将会发生什么呢？虽然模拟这些需要一批科学家倾其一生来实现，但是总比实现量子计算机要容易得多。我们管这种方式叫作"量子密码术"。

斯蒂芬·威斯纳是第一个考虑将量子效应引入密码学中的人。威斯纳在1968年写下了一篇文章，提出了"量子钞票"的概念。虽然这仅仅是一个量子力学的想法，但它是最早把量子理论用于信息学和密码学的想法之一。可惜的是，威斯纳的想法太具有革命性了，期刊编辑无法理解，退回了这篇文章，他也就没有继续研究这个想法。幸运的是，威斯纳把他的想法告诉了他最好的朋友之一查尔斯·本内特。这个想法被本内特记录了下来，并在1970年用"量子信息理论"来命名这些笔记。

直到有一天，我正在波多黎各的圣胡安游泳，突然有个疯狂的人游向我，向我讲述了威斯纳的想法——量子钞票。这个人就是本内特！当我们游回岸边时，我们甚至已经在脑海中构建好了我们的第一篇文章。所以，不管怎样我得说，是威斯纳的想法促进了量子密钥分发和量子密码学的诞生。

基于这个想法，我们可以以偏振光子的形式发送信息来抵御窃听者。这些光子无法被可靠地复制，任何窃听都将会产生可被探测的错误，如果爱丽丝以偏振光子的形式发送信息给鲍勃，有一个窃听者在他们的信道上监听而使得信息发生篡改，鲍勃将收到不同于爱丽丝的信息，这就是量子密码学基本的想法。除此以外，我们可以用它来建立密钥。在你拥有字母对照表后，密钥就可以在"一次一密"中使用。这就是窃听保护。

1984年，我们把这个想法发表在印度举办的一个会议的公报中，这篇简短的会议论文就是大家熟知的BB84。我们实现了无条件保密的信息传递。无条件保密的意思是，无论窃听者掌握何种技术和计算能力，信息传递都是安全的。

现在我们回头看开头的问题，加密者和破译者，谁将会获胜？这次，爱伦·坡错了，加密者将会获胜。

当然，这种无条件安全的通信已经实现了。中国是目前为止在量子密码学的实现中走在最前列的国家。中国在量子密钥分发的应用领域是处于国际领先地位的，还发射了一颗叫"墨子号"的量子科学实验卫星。

"墨子号"量子科学实验卫星可以被用来在遥远的两地之间建立密钥。世界上首个由量子密码学加密的视频电话，是于2017年在奥地利科学院院长安东·塞林格和时任中国科学院院长白春礼之间进行的。他们的视频电话很令人兴奋，因为这是人类历史上最安全的视频通话。当然，周围到处都是吵闹的记者。

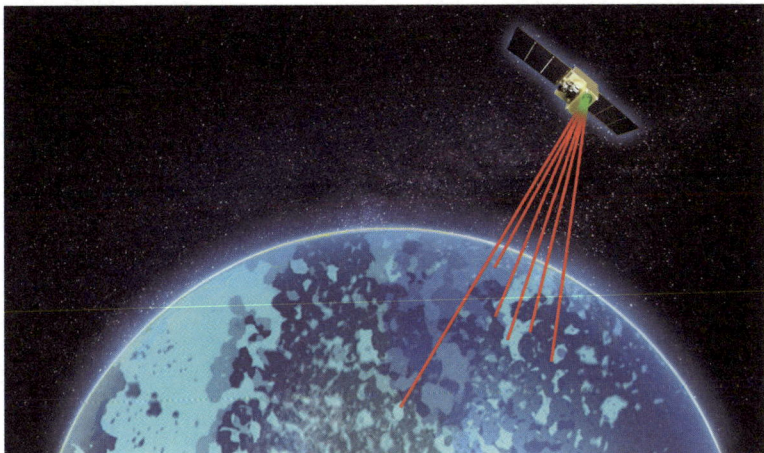

● 量子科学实验卫星"墨子号"示意图

现在，我们有了覆盖全球的量子卫星方案。爱伦·坡就真的错了吗？可能并不是，因为有量子黑客的存在。

量子黑客没有破译量子密码学，他们只是阻止量子密码学的实现。量子密码是安全的，但是完美地实现它也有一定的难度。瓦季姆·马卡罗夫就是一位首屈一指的量子黑客，他在寻找实现量子密码的漏洞上有着非凡的天分。他随身带着一个完美的量子黑客的公文包环游世界，时不时地会破译一些实际的量子密码系统。

爱伦·坡究竟是不是对的？我们放在历史里去看这个问题。

实际上，在长达2500年的时间内，密码学是数学家之间的一场战役，最近这场战役渐渐转移到了工程师之间，因为有许多量子密码方案在理论上都是完美的，但是需要工程师去完美实现它。另外，你需要科学家来尽最大可能地实现量子密码，还需要一些其他的工程师来尝试破译它。所以较量的中心已经由数学转移到了工程学。最终，是量子黑客永远可以破坏量子密码的实现，还是我们可以建造一些量子密码使量子黑客再也不能攻击它？猫和老鼠的游戏还没有结束。

我们生活在量子的世界中，这对于加密者是坏事还是好事？爱伦·坡到底是不是对的？答案是：我现在还不知道。历史将会说明一切。当然，我希望加密者会赢，想出方法来更好地实现量子密码，使量子黑客们永远不能破解它。

量子计算机比经典计算机快多少呢

彼得·肖尔

彼得·肖尔于 1959 年 8 月出生于美国纽约市，1981 年在加州理工学院获得数学学士学位，1985 年在麻省理工学院获得应用数学博士学位。目前，他是麻省理工学院应用数学系教授。他是 2017 年度狄拉克奖获得者、2018 年度墨子量子奖获得者。

肖尔在量子计算方面做出了极有影响力的工作，特别是，他设计了肖尔算法。肖尔算法针对的是对加密解密至关重要的大数分解问题。与目前在经典计算机上运行的最优算法相比，肖尔算法是一种可以实现指数级加速的量子算法。这种实用性量子算法的提出，激发了量子计算的研究热潮，极大促进了量子计算的发展。

（以下内容整理自彼得·肖尔 2019 年在"墨子沙龙"上发表的演讲）

本篇将简单介绍一些计算的发展历史，然后介绍量子力学的一些独特性质以及什么是量子计算。

计算的发展历史

计算机和物理实验有什么不同呢？

　　这两者可能有很多不同，其中之一就是计算机解决数学问题，而物理实验研究物理问题。比如说要分解一个很大的数字，一个好办法是用计算机来计算；而如果想要测试所有物体是否以相同的速度下落，这时就不会用计算机来做了。

　　另一种不同是，物理实验需要非常庞大的特制仪器，也许会占据整个屋子；而计算机就是一个小盒子，可以放在桌子上或公文包里。但回到二十世纪五六十年代，当时计算机刚刚问世，如果有人给你看位于劳伦斯伯克利实验室的粒子加速器和世界上第一台通用计算机ENIAC的图片，你可能分不清哪个是物理实验仪器哪个是计算机。这两台仪器都非常巨大。此后，计算机变得越来越小，而粒子加速器却越来越大。为什么会这样呢？这是因为人们不需要对每个数学问题都建造一台新的计算机。这意味着可以大规模地制造计算机，使它们越来越高效、越来越便宜，也越来越小。而物理实验工作者每当遇到以前的实验结果无法回答的问题时，就只能设法改进实验设备，来突破物理实验的极限，比如加速器正在变得越来越大。

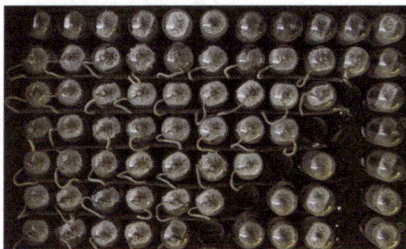

● ENIAC 计算机中 18 000 个真空管的局部照片

● 核物理实验室内的粒子加速器

● 电子芯片
（目前制造技术已达到2nm工艺制程）

● CERN 的粒子加速器局部照片

计算理论始于二十世纪三十年代，那时候计算机还没有被发明出来。二十世纪三十年代，在数学逻辑方面，哥德尔证明了著名的不完备性定理，即并非所有的数学命题都能被证明真假，所以有些数学问题是无法得到答案的。计算数学与计算机科学密切相关，在哥德尔证明了这个定理6年之后，4位科学家对可计算函数和不可计算函数进行了定义。这些研究也都源于哥德尔的理论。他们对可计算函数给出了3种不同定义，而这3种定义都一致地给出了关于可计算函数的一个事实，即我们现在所说的"丘奇-图灵论题"：所有可计算函数都可以由一台图灵机来执行。这也是计算机的原始模型。

丘奇和图灵没有想到的是，它会成为一个我们可以在真实世界中制备和运行的机器。这样，它就成了一个物理问题，而不是数学问题了。

● 图灵机

随着实用计算机的发展，不可计算函数和可计算函数之间的定义变得越来越模糊。因为有的函数理论上是可以计算的，但需要非常长的时间来进行计算，而一个有效的程序必须要在合理的时间内完成计算。什么是合理的时间呢？在一个

超级计算机上用一年时间进行计算属于合理的时间吗？从数学的角度来说，这是
非常糟糕的。

　　一些理论计算学家认为，要在理论和实际中进行妥协。他们认为一个有效的
算法应该满足以下条件：它的运行时间必须是在多项式时间以内，比如N、N的
平方、N的立方、N的一万次方等，而不是像2的N次方这种指数级的时间（注：
N代表问题的大小，比如输入的位数）。因此，理论计算学家把能在多项式时间
内求解的问题称为"P类问题"。实际上，我们遇到的大多数函数的计算属于P类
问题，因此大部分算法都是有效的。

　　为了使P类问题的定义有意义，它不应该依赖于计算机的种类。这就使得一
些计算科学家提出了"量化丘奇论题"，它也有许多其他叫法。它指的是，图灵
机可以有效地执行任何计算任务。它是由艾伦·科巴姆在1965年首先提出的。然
而，因数分解问题将显示这个论题是错误的，这也体现了因数分解算法对计算机
科学的重要影响。

　　可以去哪里寻找该论题的反例呢？它可能存在于难以模拟的物理系统中。一
个是湍流问题，它跟纳维尔-斯托克斯问题相关，是7个"千禧年难题"之一
（陶哲轩思考过这个问题，认为它和一些系统的偏微分方程组很相似）。另外一个
是模拟量子力学过程，这是由波普拉夫斯基和费曼首先提出的。费曼曾指出，用
经典计算机来模拟量子力学是指数级低效的，量子计算机的态空间大小是指数级
增长的。如果把量子系统的状态存储到经典计算机中，然后去精确追踪它们，就
需要天文级的时间，而量子计算机也许就能（轻松地）解决这个困难。

　　在量子算法领域的早期，1985年，戴维·多伊奇提出过量子计算机是否可以加
速非量子力学问题的计算的问题，并提出了一个非常新颖的例子（多伊奇算法）。7年
后，它和乔兹萨合作提出了另外一个算法，之后也有更多的人找到新的算法。量子
计算机确实可以加速这些计算。当然，这些算法都是为一些特定问题构造的。

　　那么，量子计算机具体擅长哪些事情呢？

　　量子计算机可以更有效地模拟量子力学系统，这是费曼和曼宁首先提出的想
法。量子计算机在一些特定问题上也可以更高效，例如格罗弗提出可以用量子计
算机来有效进行更大空间的搜索。量子计算机还可以用来做因数分解。

假设你想要找到相乘等于33的两个质数，这非常简单。两个数字相乘对经典计算机来说非常简单，尝试几次，就能发现3乘以11等于33。但是如果我们有一个非常大的数字，想要找到它是由哪两个质数相乘得到的，这就是一个非常困难的问题了。如果我们想要分解一个L位的数字，最好的经典方法是数域筛法，它需要指数级的时间，而量子计算机只需要平方级的时间。这个发现令计算机科学家感到兴奋，因为当下互联网的安全是基于公钥加密实现的，比如RSA加密系统。RSA加密系统是基于以下事实建立的：很容易将两个因数相乘，但很难将一个大数进行因数分解。这意味着我们可以取两个质数，把它们相乘得到一个密钥，然后把它们分开，这样其他人无法分解这个密钥，这意味着无法破解你的信息。但是如果你有量子计算机的话，就可以破解信息，这意味着你可以监听计算机之间的信息交流，比如在互联网上购物时的信息交流。这就是为什么肖尔算法在1994年被提出后，就像病毒一样被迅速传播。

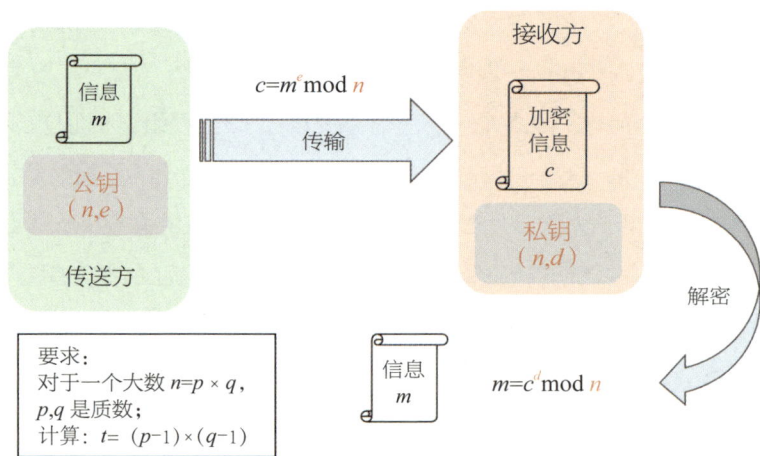

● RSA加密原理示意图

在我提出量子因数分解算法后，曾有记者问：量子计算机比经典计算机快多少呢？答案就是：无法回答这个问题。船要比火车快多少呢？这不仅仅取决于船和火车，还取决于目的地在哪里。所以对量子计算机和经典计算机来说，问题在于能否在希尔伯特空间找到一个从输入到输出的捷径，要考虑许多因素。

量子计算机中的一步操作要比经典计算机中的一步操作长，但是量子计算机可以通过走希尔伯特空间的捷径来减少操作数，从而大大加速计算，而经典计算机则无法做到。

量子计算基本原理

量子力学的基本原理包括叠加态原理、量子纠缠，量子态空间的高维性等。

叠加态原理是说，如果一个量子系统可以处在两个可区分状态中的一种，那么它也可以同时处在这两种状态上，即处在叠加态上。数学上，量子态可以用复向量空间中的单位向量来表示，当两个量子态可以用两个正交向量表示，它们就是可区分的。量子比特就是一个有两个可区分状态的量子系统。一个常见的例子就是极化光子，它只有两个可区分的极化方向：垂直极化和水平极化。一个极化光子，你只能看到垂直极化或水平极化这两种基本状态，其他的所有状态都可由这两种状态产生。这听起来比较奇怪，但量子力学就是如此奇怪。

如果有两个量子比特组成的系统，那么它就可以处在4种状态的叠加。现在不用水平极化和垂直极化来代表两种可区分状态，而是用0态（$|0>$）和1态（$|1>$）来表示。比如这种两比特状态，$(|01>+|10>)/\sqrt{2}$，这样的系统从整体上看处在确定的状态，但分开看，两个量子比特却各自处在不确定的状态，它们是"纠缠"的。这就是令爱因斯坦不安的地方，他把这称为"幽灵般的超距作用"。其他许多著名的科学家也对此感到困惑。

纠缠为什么令人不安呢？这导致了所谓的非局域观点，你将不得不接受这个结论：在一个地方进行的测量，会影响到另外一个地方的测量结果，尽管它们被分开得足够远，使得这两个地点间没有任何联系。如何解决这个问题呢？一种办法就是去接受这种"幽灵般的超距作用"，另一种方法是承认量子力学中的概率与经典情况不同。

量子力学可以加速计算的第三个特性是量子态空间的高维性，如果你有n个量子比特，则它们的量子态由一个2的n次方维度的向量描述。比如两比特系统，就可以处在$|00>$、$|01>$、$|10>$、$|11>$4个维度的量子态的叠加态上。空间的高维性也是量子计算拥有强大计算能力的原因之一。

接下来介绍量子计算机的线路模型，它是一个简化模型。不过一些量子计算机并不是严格的线路模型，它们会有些不同，但可以很好地帮助人们理解量子计算机。为了进行计算，我们需要给计算机输入、改变计算机的状态、再获取计算机的输出。对于输入，我们可以在二进制输入对应的状态下启动计算机，比如，初始状态是$|100101101\rangle$，我们把第一个量子比特置为$|1\rangle$态，把第二个量子比特置为$|0\rangle$态，其他量子比特同理置为某个状态。然后看看在计算结束时，量子计算机会处在何种状态，这对应于我们希望得到的输出。但我们不能通过测量确定地标定出量子态，因为有海森堡不确定性原理。我们进行测量时，只会得到一个概率分布，因为量子力学本质上是一种概率论。你肯定会问：那如何确定量子算法解决了问题呢？我们认为：当能够以很大概率得到正确结果时，该量子算法就解决了问题，这跟用经典概率算法解决问题一样。

量子快速算法背后的设计思想是：让那些产生错误结果的计算路径产生相消干涉，从而降低得到错误答案的概率；让那些得到正确结果的计算路径产生相长干涉，这样你就能极大地增大获得正确答案的概率。

量子计算机和薛定谔猫

戴维·瓦恩兰

戴维·瓦恩兰，物理学家、诺贝尔奖获得者，1944 年出生于美国密尔沃基，1965 年本科毕业于加利福尼亚大学伯克利分校，1970 年在哈佛大学获得物理学博士学位。目前，他供职于美国国家标准与技术研究院（NIST）和科罗拉多大学波尔得分校。

瓦恩兰在光学，特别是激光冷却捕获离子以及使用离子进行量子计算方面做出了开创性贡献。因发现"能够量度和操控单个量子系统的突破性实验手法"，他和塞尔日·阿罗什分享了 2012 年度的诺贝尔物理学奖。

（以下内容整理自戴维·瓦恩兰 2019 年在"墨子沙龙"上发表的演讲）

想必大家都知道计算机和平板电脑是如何工作的，那么量子力学对计算机又有什么有意思的影响呢？这跟量子系统中一些奇异的性质有关，其中就包括量子态的叠加性。我在本篇中将先介绍一下量子叠加态，以及它在量子计算中的应用；接着，我会通过著名的薛定谔猫来讲一下怎样控制量子计算机的量子态。

量子叠加态

相干叠加是量子物理区别于经典物理的一个非常重要的性质，我举个例子说明一下叠加的意义。大家看到的下图中立方体[（a）和（b）]，有时候是右边的这个阴影面在最前面[见立方体（a）]，有时候你又会看到左边的阴影面在最前面[见立方体（b）]，因此你看到哪个面在最前面就有某种不确定性。

所以，这个图片同时就有这两种属性，这非常像我们在量子力学中所说的叠加态。在量子力学里，量子比特就可以同时有两种状态。以图示的立方体来说，当你试图从一个方向到另一个方向看时，这个过程就相当于对量子系统进行测量，而你每一次只能"看到"这两种状态中的一个。

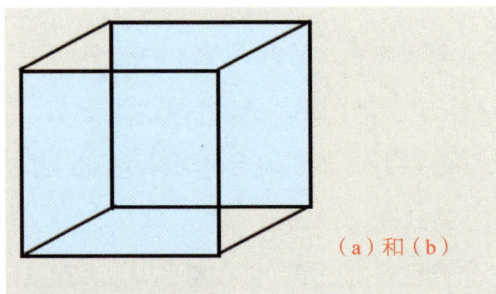

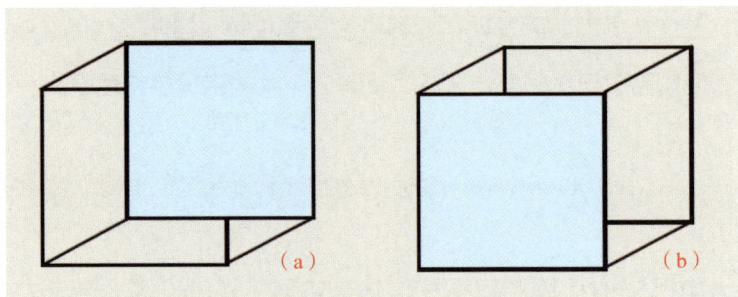

（a）和（b）

（a）   （b）

● 从不同视角看立方体图案

还有一些小系统的叠加态的例子。比如处于势阱中的原子，你可以把它想象成碗里的弹珠。当弹珠在碗里来回地滚动，就可以把它看成一种叠加态，即同时处在碗的左边和右边。虽然这在日常经验中讲不通，但是在量子系统中就可以实现，有时候原子就可以同时处在势阱的"左边"和"右边"的叠加态。

叠加态可以用来进行量子计算。经典计算机里一个比特是0或1，但对于量子比特，它可以同时是|0>和|1>态，更准确说，它可以是|0>和|1>态的任意叠

加。在实际的物理系统中，我们可以利用原子的电子内态来作为量子比特。我们把最低能态标记为|0⟩，把相邻的较高能态标记为|1⟩，利用这些不同的能态及其叠加态，我们就可以在量子系统中制备量子比特。在本文的后面部分，我将具体解释如何去制备和操控量子比特。

量子计算机的一个有意思的课题是：量子寄存器的容量是如何随比特数增加而变化的？比如3个比特的内存，在通常的经典计算机中，它可以存储一个3位的二进制数，比如101；量子比特具有并行存储的性质，可以同时存储所有3位的二进制数。在3比特量子寄存器中，可以同时存储从|000⟩、|001⟩……一直到|111⟩，这所有8个可能的3位二进制数。8等于2的3次方，其中幂次3是比特数目。有意思的是，假设有300个量子比特，那就可以同时存储2的300次方个数，也就是大概10的90次方个数，这比宇宙中所有基本粒子的数目还要多。从某种意义上讲，300个量子比特的内存，可以存储的容量比用宇宙中所有物质制作的经典内存还要多！

但是，在利用量子力学这种奇异而强大的性质的同时，也必须面对量子的另一个特性。当我们成功制造这些量子叠加态，继而对量子系统进行测量时，量子叠加态就会立刻、不可逆转地坍缩到其中的一个态上去。换句话说，对于这个存储8个二进制数的寄存器，当我们测量它的时候，无论有多少个比特，都会坍缩成为其中的一个二进制数；同样地，当你测量一个300量子比特的计算机，它会坍缩到其中的一个300位的二进制数。

关于利用量子叠加态来处理现实中的问题，在1994年，计算机理论学家彼得·肖尔提出了一个量子计算的算法，假如可以制成量子计算机，这一算法就可有效地进行大数分解。大数分解是指：如果有一个非常大的数，可以表示成两个更小数的乘积，我们如何找到这两个因子。对于非常大的数，比如300位的十进制数，对于经典的计算方式而言，这是非常困难的问题。但是彼得·肖尔利用量子叠加的性质，提出了大数分解的非常高效的算法。很多人应该知道，这个问题的有趣之处在于，如果可以分解大数，那么目前几乎所有提供隐私加密的加密体系都可以被破解。比如你买东西时可能会使用信用卡，而信用卡的安全和隐私就是由大数分解的难度来保证的。正是因为这个算法影响到了

77

安全，量子计算研究火了起来，政府开始感兴趣，并且非常想资助这类研究。直到今天这种兴趣还持续增长，很多国家都投入大量人力、物力来制造量子计算机和相关的器件。

薛定谔猫

薛定谔是量子力学的创始人之一，由他提出的量子力学的版本被称作波动力学。根据薛定谔的量子力学理论，会得到这样一个结果：假设一切完美，那么原则上就可以制备一个非常大的量子叠加态。但薛定谔同时又认为，如果这样可行的话，那量子力学就会出现不对的地方。

因此，为了表示自己对量子力学理论的担忧和不满，他提出了一个思想实验：有一个跟外界隔离的箱子，箱子里面有一个放射性粒子，还有一只猫。箱子里还存在这样一个机械装置，如果放射性粒子衰变了的话，这个机械装置就可以释放毒剂杀死猫。而经过半衰期的时间后，放射性粒子将会有50%的概率衰变。这样，经过放射性粒子的半衰期后，宏观世界的猫也就处在活或者死的状态了，而这也是一种量子叠加态。整个箱子内的系统，同时处在放射性粒子没有衰变＋猫活，以及粒子衰变＋猫死的叠加态上。我们知道，量子力学是用来研究微观尺度，即像电子、原子这样大小的物理系统的运动规律的；在宏观尺度上，是不符合量子力学的一些性质的，比如现实中不应该出现猫既处在"生"又处在"死"的叠加状态。而"薛定谔猫"的奇特之处就在于，它带来了这样的违背直觉的矛盾：量子力学可以延伸到大尺度的世界或者说我们生活的宏观世界。而薛定谔本人，他整个职业生涯都非常关心这件事。

实际上，直到二十世纪五十年代，薛定谔提出波动力学很多年后，关于系统如何延伸的想法，都是来自爱因斯坦、薛定谔和海森堡他们几个思考的结果。薛定谔猫是其中一个例子，薛定谔在他的整个职业生涯都被这个问题所困扰。他说："我们从没用单个电子、原子或者小分子做实验。"当时是量子力学刚兴起的时候，他们只能进行这样的"思想实验"。薛定谔说："我们有时候假设这样做，但是这样总是不可避免导致一些荒谬的结果。"荒谬的结果就是这只猫。

● 薛定谔猫

现在，在我们所处的宏观世界里，虽然我们仍然做不出像猫一样大的量子器件，但是物理学家可以实现所有的这些思想实验的基本想法。这里面没有魔法，但需要我们对实验系统进行精密控制，比如需要把量子体系跟外界环境严格隔离开。我觉得有意思的两个例子就是原子钟和量子计算机。全世界有很多人都在思考有关量子计算机的问题，有几百个研究组在进行这样的实验研究。

量子比特的操控

以下是我在美国国家标准与技术研究所的一个同事的工作。实验所用的量子比特是基于两个特殊的原子能级，它们的能级差对应于可见光的频率。能级低的态是"自旋向下"态，记作$|\downarrow\rangle$；能级较高的态是"自旋向上"态，记作$|\uparrow\rangle$。在这样的实验中，最简单的物理体系就是离子阱里面的单个离子。

那么，我们如何制备量子叠加态呢？在实验中，我们首先制备"自旋向下"的原子，也就是原子能量处于最低的态（基态）。然后，打一段时间的激光，原子就会有一定概率跃迁到能量高一些的"自旋向上"态上去。这样，它就演化成叠加态了。

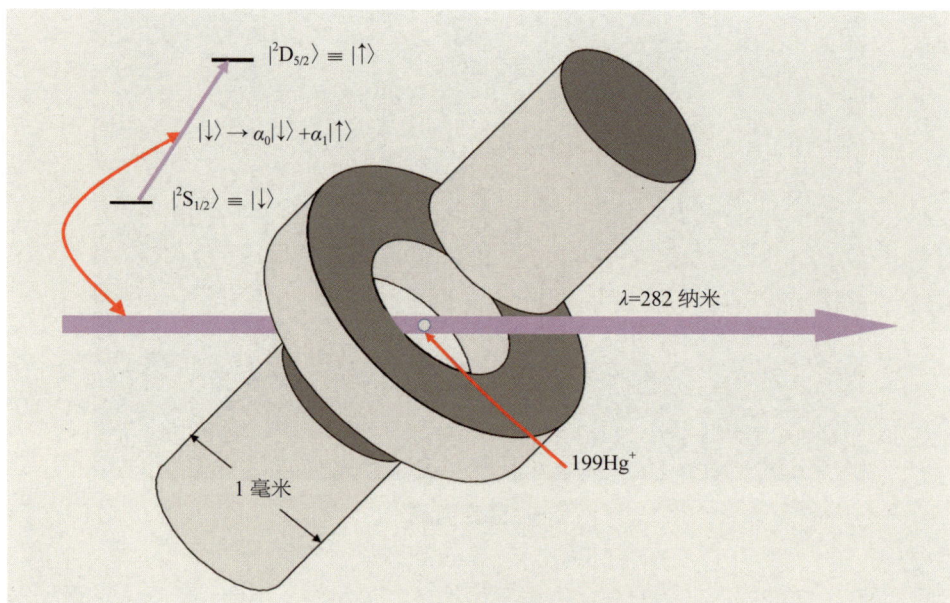

$|^2D_{5/2}\rangle \equiv |\uparrow\rangle$

$|\downarrow\rangle \rightarrow \alpha_0|\downarrow\rangle + \alpha_1|\uparrow\rangle$

$|^2S_{1/2}\rangle \equiv |\downarrow\rangle$

$\lambda=282$ 纳米

$199Hg^+$

1 毫米

● 离子阱内的量子叠加态的制备

在实验中，向 Hg 离子注入一束波长为 282 纳米的激光，离子将有一定概率从"自旋向下"的低能级状态跃迁至 "自旋向上"的高能级状态，从而使离子处在"自旋向下"和"自旋向上"的叠加态中。

在这一个态上，可以维持几十秒，可能大家会觉得时间很短，但是相对于实验的时间周期来说，这已经很长了，所以可以认为实验过程中原子会一直待在这个态上。而要测量这个态，我们可以利用另外一个跃迁——在这个实验中，原子还有另外一个跃迁，是从基态跃迁到一个更高能量的激发态。光打在原子上，让状态从基态跃迁到这个更高激发态，这一状态会很快衰变，寿命只有2纳秒。也就是说，如果原子在这个激发态上，它就会很快衰变，原子会散射出相当多的光，我们也就可以用光电倍增管来探测这些散射光。若能看见光，就知道原子原来是处在低能级状态了。

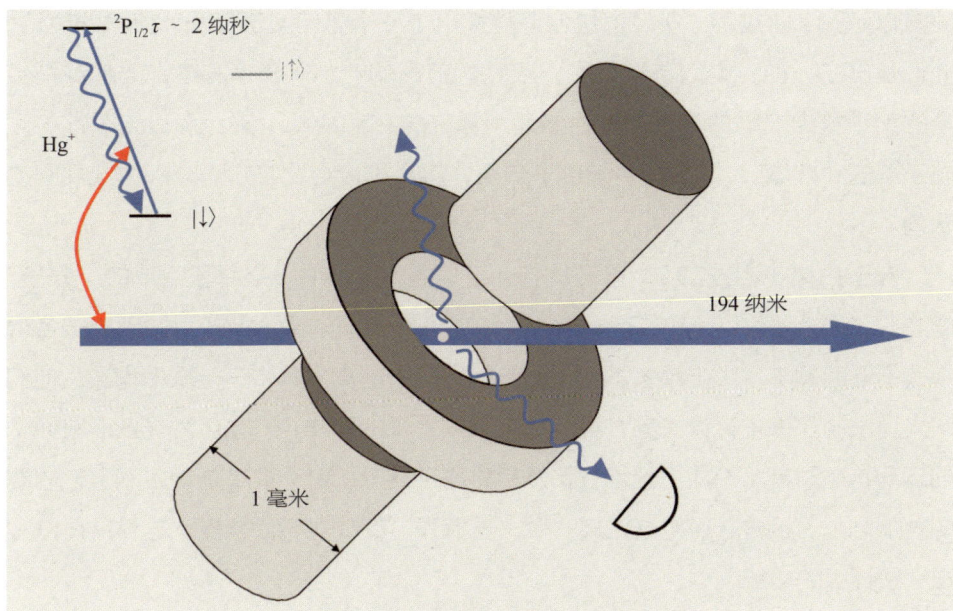

${}^2P_{1/2} \tau \sim 2$ 纳秒

Hg⁺

194 纳米

1 毫米

● 离子阱内的量子叠加态的塌缩

Hg 离子处在高能级状态会很快衰变，并释放光子。于是，处在"自旋向下"和"自旋向上"叠加态的 Hg 离子将会塌缩到"自旋向下"的低能级状态。

　　实际上，还可以对离子进行拍照。有一些离子会发出可见光，比如钡离子就会散射蓝光，所以，在钡离子实验室你真的可以透过放大镜用肉眼看到单个离子。这真是令人惊奇！

　　这种跃迁还有一点很有意思，它可以用来冷却原子。其中的原理是，当原子散射光时，它们会感受到来自被散射光子的动量，这就形成对原子的作用力。通过调节实验条件，让原子只吸收或者散射传播方向与原子运动方向相反的激光，就可以让原子的运动慢下来。原子就被冷却了。在300K的室温条件下，我们通过激光冷却原子的方法可以将原子从300K冷却到1mK。

　　关于这种量子系统的进一步发展，就要提到阿图尔·埃克特。1994年，他来参加我帮忙组织的原子物理会议，那时候他已经知道彼得·肖尔的大数分解算法了，并且告诉了原子物理学家。当时在听报告的还有两个著名的理论物理学家——伊格纳西奥·西拉克和彼得·佐勒。他们是非常优秀的理论物理学家，同时也谙熟实验过程，所以很快他们就提出了一个可能实现量子计算机的理论。他们提出了一种三维的谐振势阱，跟我们前面的"碗"模型有些许类似。把带电的离子放进三维的"碗"中，然后用激光将它们冷却下来，那么离子都将倾向于落到"碗底"，但是，由于离子带电，库仑排斥力会将它们分开排成规则的队列。

对于由离子组成的5个量子比特，可以将其视作由5个原子组成的"分子"或者说"赝分子"。跟通常的分子一样，它也有不同的振动模式。振动模式各自都有不同的频率，由于频率不同，所以我们可以隔离出其中一个振动模式。他们两人提出制作量子计算机的方法就是像我刚才说的那样，首先用激光把所有原子的运动状态制备（冷却）到基态，然后将离子链上的每个离子都制备到它们内态的叠加态上。接着，再对这些离子做一些操作，比如逻辑门操作，这样就可以实现一些计算的功能。

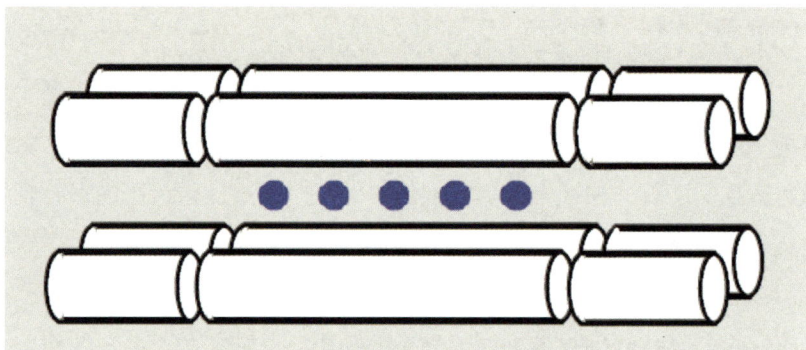

● 由 5 个离子组成的"赝分子"
利用激光调制来实现逻辑门操作，从而可以实现一些计算的功能。

这个系统也可以用来做一些有意思的演示，比如前面提到的薛定谔猫。在这样的实验系统中，单个离子会像小磁铁一样具有磁矩，而大量的这样的离子就会表现得像一块宏观的磁铁。所以，我们可以把离子阱里的离子先制备成一个量子叠加态，再选择其中一个离子，把它移动到某一区域（对应于"薛定谔猫"箱子里的放射性粒子），而剩余的离子（对应于"薛定谔猫"），如果数目足够多，就会表现出宏观的磁化。于是，我们就可以用经典的仪表，比如指南针来测量它。这样，这个系统就非常像是薛定谔猫了。我们制备出一只"薛定谔猫"，我们也可以对它"死"或"活"的状态进行宏观探测了。

　　至于量子计算的发展方向，总体来说，目前的量子计算操作中还有太多的误差，所以我们需要不断地提高量子态调控的准确性。另外，也需要扩展量子计算的规模，以及设计有实际用途的量子算法。还有量子模拟，很多人对这个方向更感兴趣，因为量子模拟在帮助人们解决大量物理难题方面是极其有用处的。

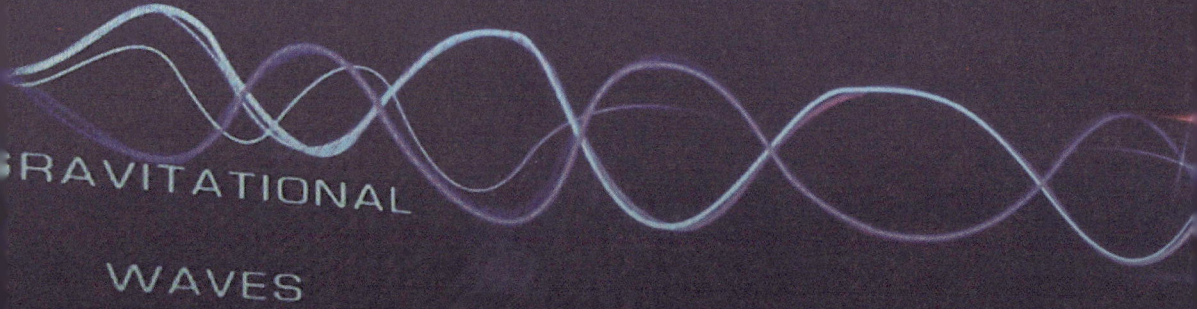

GRAVITATIONAL

WAVES

03

Part 03

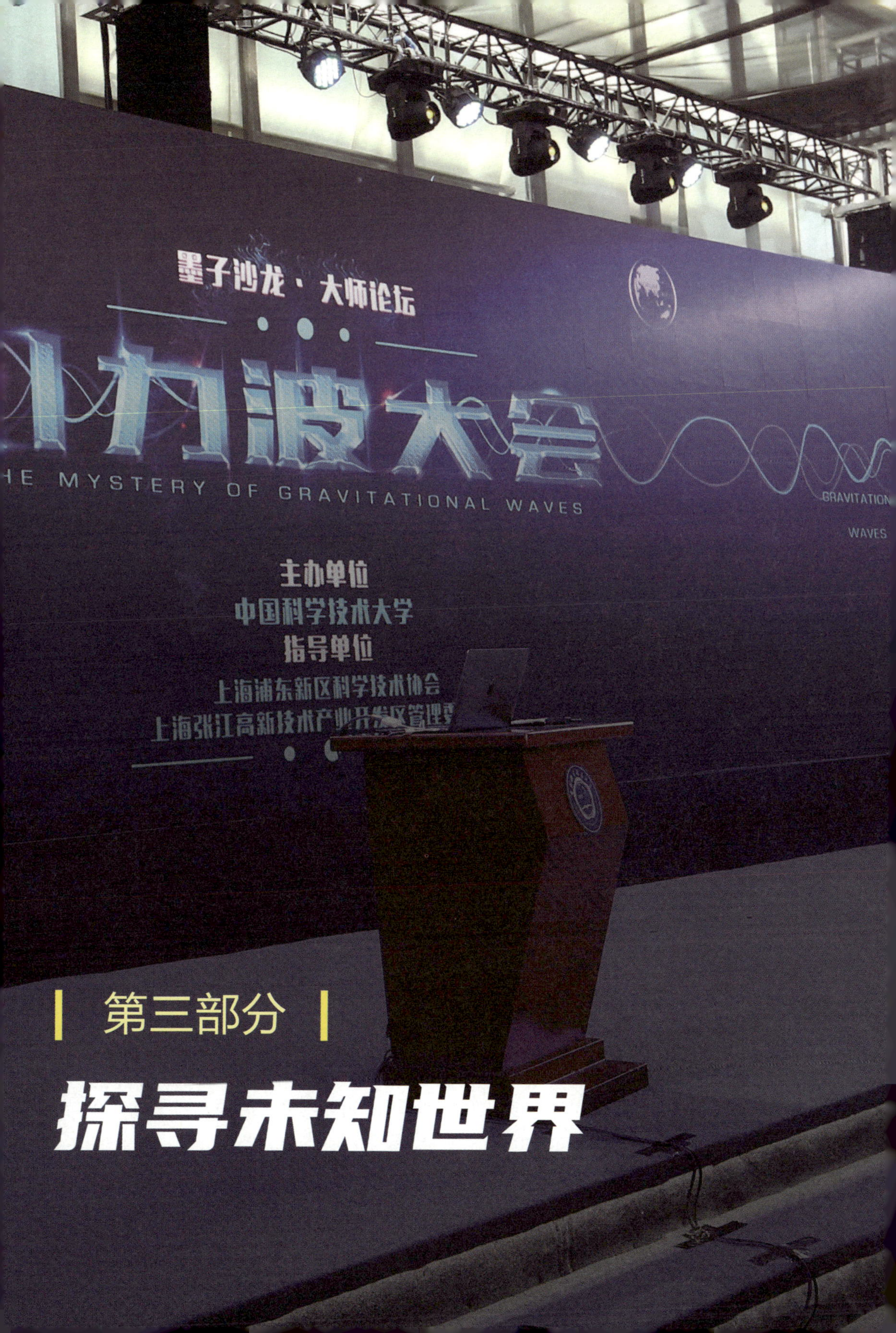

墨子沙龙·大师论坛

引力波大会

THE MYSTERY OF GRAVITATIONAL WAVES

GRAVITATION

WAVES

主办单位
中国科学技术大学
指导单位
上海浦东新区科学技术协会
上海张江高新技术产业开发区管理委

第三部分

探寻未知世界

LIGO 引力波探测原理

雷纳·韦斯

雷纳·韦斯于 1932 年 9 月出生于德国柏林，父亲是一位精神分析学家，母亲是一名演员。童年时期，他跟随家人去了美国。雷纳·韦斯于 1962 年在麻省理工学院取得博士学位。在塔夫茨大学和普林斯顿大学短暂工作几年之后，他回到麻省理工学院，一直工作至今。现在雷纳·韦斯是麻省理工学院荣休教授。

雷纳·韦斯最早提出用激光干涉仪来探测引力波，首次分析了探测器的主要噪声来源。因为对引力波探测的重要贡献，雷纳·韦斯与巴里·巴里什、基普·索恩分享了 2017 年的诺贝尔物理学奖。

（以下内容整理自雷纳·韦斯 2017 年在"墨子沙龙"上发表的演讲）

每个中学生都学过牛顿的万有引力定律，但引力波的概念其实与爱因斯坦的引力理论的联系更紧密。爱因斯坦从与牛顿不同的另一角度来理解引力，给出了一个全新的引力理论。爱因斯坦的引力理论诞生于一百多年前，但时至今日大家可能还是对它感到很陌生。

爱因斯坦的引力理论认为两个物体间的引力并不是真实的力，物体的存在扭曲了时空，引力只是弯曲时空的表现。

下页图中显示的时空（这里只选取了时空两个维度）就像小孩子玩的蹦床。图中的大球是太阳，右边的小球是地球。远离太阳的时空是直的、平坦的，而靠近太阳的地方是弯的、扭曲的。地球所在的地方也有一个小坑，与太阳附近的坑相似，只是小了很多。爱因斯坦认为，时空自身会被存在于其中的物体扭曲，这是爱因斯坦引力理论描述的第一个现象。

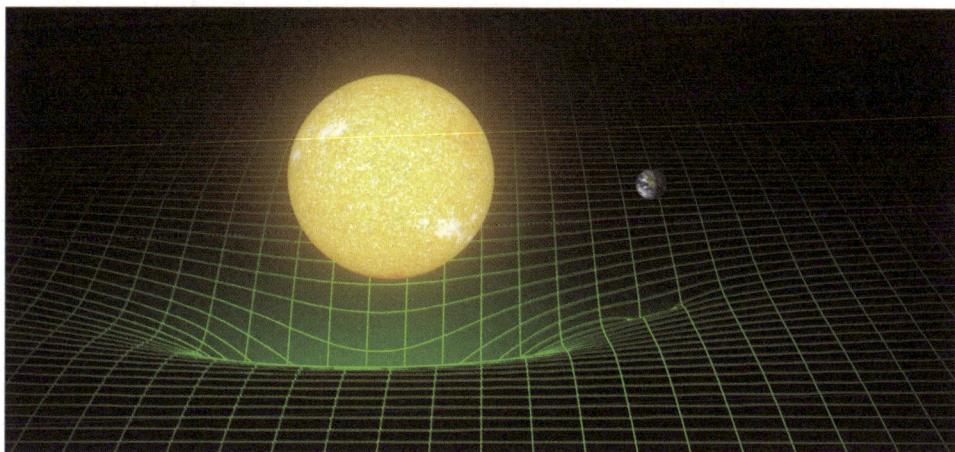

● 太阳、地球的存在扭曲了时空（图片来自 LIGO）

爱因斯坦引力理论的另一个现象无法用图像表现：如果在空间中每一处都放置一只钟，在远离太阳和地球的地方，那些钟的时间是相同的；而在太阳（或地球）附近的时空扭曲处的钟会比远处的钟走得慢一点。

物质"告诉"时空如何弯曲，时空"告诉"物质如何运动，这就是爱因斯坦的理论。

为什么这个理论如此重要呢？它与牛顿力学的差异在哪里？

在牛顿力学中，相互作用传递的速度可以无限大，没有引力波的概念；牛顿力学不能很好地描述大质量和极高速运动的物体。但是爱因斯坦的理论能够描述大质量且高速运动的物体，引力波由加速的有质量的物体产生，就像在电磁学中，加速的电荷会产生电磁波。并且，和电磁波一样，引力波的传播速度也是有限的（都为光速）。

当引力波穿过你，你身边的物体就会相对你运动，距离你越远的物体移动得越多，你就像站在一张正在被拉伸的橡皮膜上。我们就是通过探测这些运动来探测引力波。

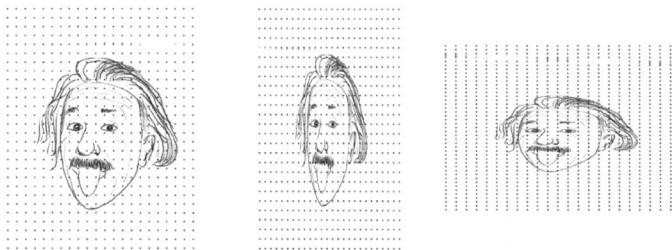

● 在引力波经过时，时空如同一张橡皮膜，被拉伸挤压

先回顾一下历史。二十世纪七十年代，拉塞尔·赫尔斯和约瑟夫·泰勒通过测量两颗中子星互相绕转的周期最早以间接方式探测到了引力波，他们因此获得了1993年的诺贝尔物理学奖。

1974年，当时赫尔斯还是一名研究生，泰勒是一名教授，他们用射电望远镜发现了一个双星系统。这个系统中有一颗脉冲星，而脉冲星可以被射电望远镜"听"到，这颗脉冲星的"声音"频率大约是每秒17次。他们长时间观测这个系统，观察到了很多牛顿力学难以解释的现象。与其他系统相比，这个双星系统非常准确地验证了爱因斯坦理论的很多预言。

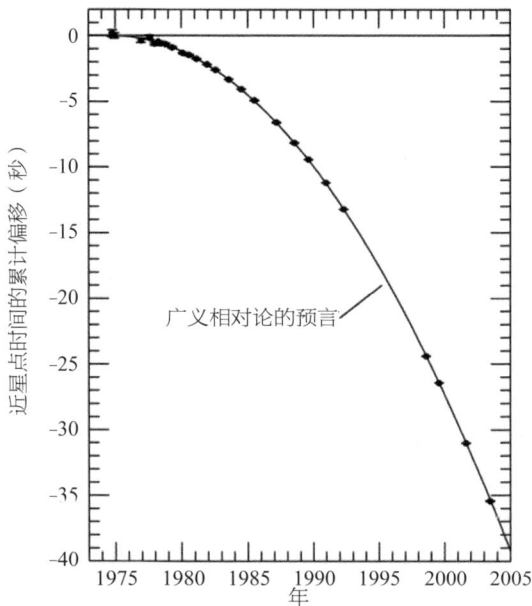

● 本图引自论文——《相对论性脉冲双星系统 B1913+16：30 年的观测与分析》
作者为乔尔·M. 韦斯伯格、约瑟夫·泰勒，刊发于《射电脉冲双星会议论文集》

其中最有趣的发现是，脉冲星的轨道周期随着时间变得越来越短，就像上页的下图展示的一样。这些数据所在的线就是基于爱因斯坦理论预言的曲线，这个系统由于释放出引力波而损失能量，因此两颗天体靠得越来越近。这是人类第一次间接观测到引力波，是一次非常重要的观测。

另外，美国马里兰大学的科学家约瑟夫·韦伯试图用一个大圆柱探测引力波，他认为引力波穿过圆柱时会突然拉伸它，就像是用一个锤子敲打柱子就能发出声音一样。不幸的是，虽然他在1969年宣称听到了"声音"，但许多重复这一实验的人都没有听到他所听到的，因此这个结果充满争议。但他确实是第一个试图用仪器探测引力波的人。

激光干涉引力波天文台（LIGO）用了不同的探测方式，它通过测量两个方向的光传播所需的时间来测量引力波。

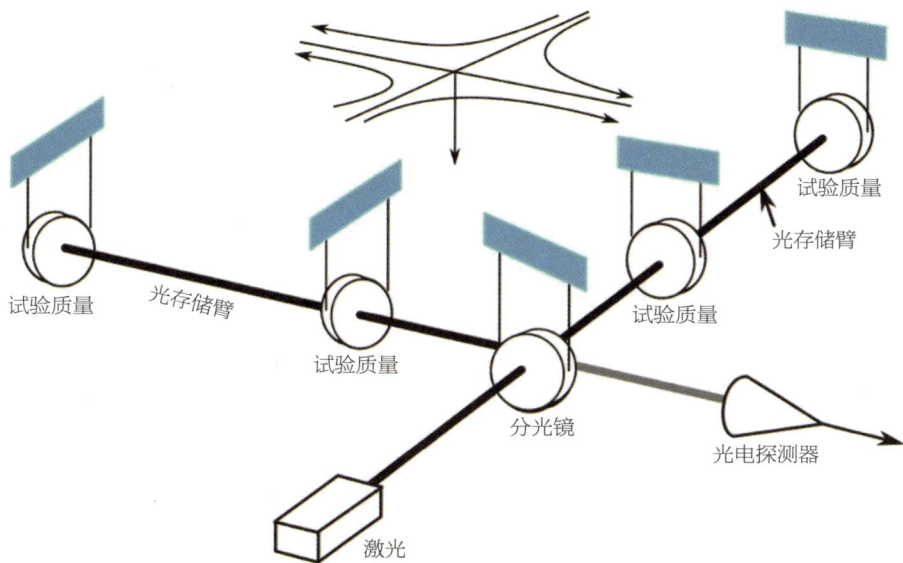

● LIGO 探测器结构示意图（图片来自 LIGO）

LIGO的核心是一台叫作"迈克尔逊干涉仪"的仪器。激光器发出激光，分束器把激光分成相互垂直的两束，调整镜子位置使得光在一个方向来回传播的时间与另一个方向上来回传播的时间恰好相同，两个路径的光发生了干涉相消，这样就没有光子进入探测器了。如果有引力波通过，干涉仪的臂长就会伸缩，两个方向上的传播路径变得不相等了，科学家就会在探测器中看到光。这就是LIGO的基本原理，很简单。

虽然LIGO的一条臂有4000米长，但引力波的效应非常微弱，人类第一次探测到的引力波到达地球时，引起物体长度的相对变化只有10^{-21}，即在4000米的长度上造成的长度变化大约是4×10^{-18}米，这大约是原子核直径的千分之一。这就意味着我们需要非常精准地测量距离。

对可见光来说，这一变化长度大约是光波长的10^{-12}。换句话说，我们需要发展一种技术，能够测量10^{-12}的光的波长，同时还需要保证镜子自己不会移动大于10^{-18}米的距离。而地球的震动大约为10^{-6}米，这同样意味着需要一种技术，使得镜子自身移动不超过10^{-12}的地球的移动。另外，光子撞击在镜子上、空气分子的扰动、分子热运动等都会给仪器带来噪声，要探测引力波，这些因素都需要考虑。这就是LIGO所需要达到的技术！

LIGO:
改进、再改进与合作

巴里·巴里什

　　巴里·巴里什于 1936 年 1 月出生于美国奥马哈市。1957 年和 1962 年，他先后获得加利福尼亚大学伯克利分校的物理学学士学位和实验高能物理学博士学位。1963 年，他加入加州理工学院，参与粒子物理的实验工作。1991 年到 2005 年，他是加州理工学院的林德物理学讲席教授，2005 年之后，成为荣休教授。

　　正是由于巴里什的努力，促成了美国自然科学基金会批准资助 LIGO 项目。他还领导了 LIGO 的建设和初期运行，建立了"LIGO 科学联盟"，这使得全球各地 1000 多位合作者能够有效地共同工作，使引力波探测成为可能。由于他对人类最终探测到引力波所起到的决定性贡献，巴里什与基普·索恩、雷纳·韦斯分享了 2017 年的诺贝尔物理学奖。

（以下内容整理自巴里·巴里什 2017 年在"墨子沙龙"上发表的演讲）

下图展示的是LIGO的腔体。腔体很大，人大概只有它三分之一或者一半的高度。腔内安装有大型光学器件，比如镜子、激光和测试仪器等。腔的两端装有真空阀门，实验时阀门会被关闭并使腔体内保持真空，这是进行实验的必要条件。

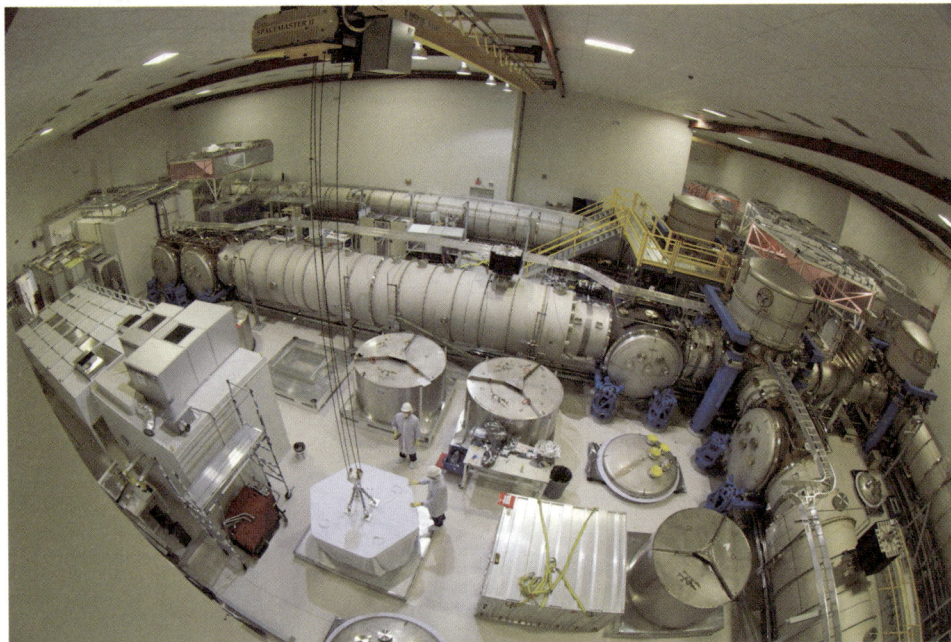

● LIGO 的腔体（图片来自LIGO）

实验物理学家的工作就是进行测量，然后理解限制实验测量的各种因素，改进它们以做得更好。在2001年之后的10年间的6个阶段里，LIGO采集大量实验数据以寻找引力波，每次都失败了。我们的工作就是一次次做实验，尽我们所能寻找引力波，发表实验结果，然后改进实验做到越来越灵敏，并不断排除干扰因素。

2010年之后，基于相同的原理，我们决定在之前的工作之上做更彻底的改进。我们设定了在每个频段提高10倍灵敏度的目标，因为我们的宇宙空间是三维的，这意味着我们可以测量的宇宙范围提高了1000倍。

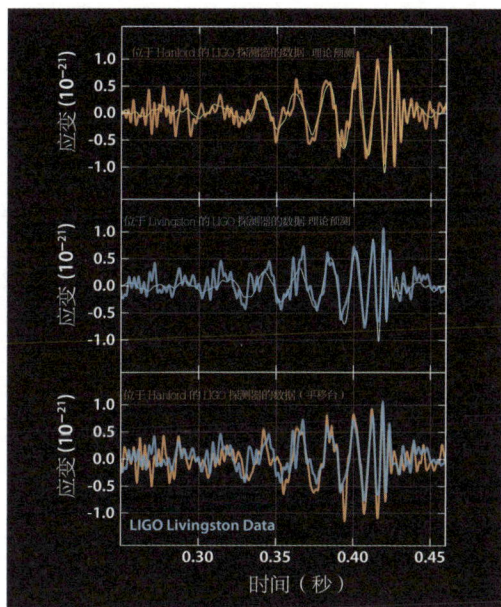

位于 Hanford 的 LIGO 探测器的数据·理论预测

应变 (10^{-21})

位于 Livingston 的 LIGO 探测器的数据·理论预测

应变 (10^{-21})

位于 Hanford 的 LIGO 探测器的数据（平移后）

应变 (10^{-21})

LIGO Livingston Data

时间（秒）

● LIGO 探测到的引力波信号
（图片来自 LIGO）

左图是 LIGO 所探测到的引力波信号，纵轴是干涉仪臂的长度变化量与长度之比。这里有来自两个探测器的信号，这两个探测器一个位于美国西北部的汉福德，测量信号见左图上，另一个位于美国南部的利文斯顿，测量信号见左图中。最下方的第三部分是其中一个信号平移6.9毫秒后，与另一个信号画在一幅图当中，可以看到两个探测器的信号几乎完全重合在了一起。相隔3000千米的两个不同的灵敏探测器都测到了相同的信号，这使我们更加确定看到的信号是真实的。

93

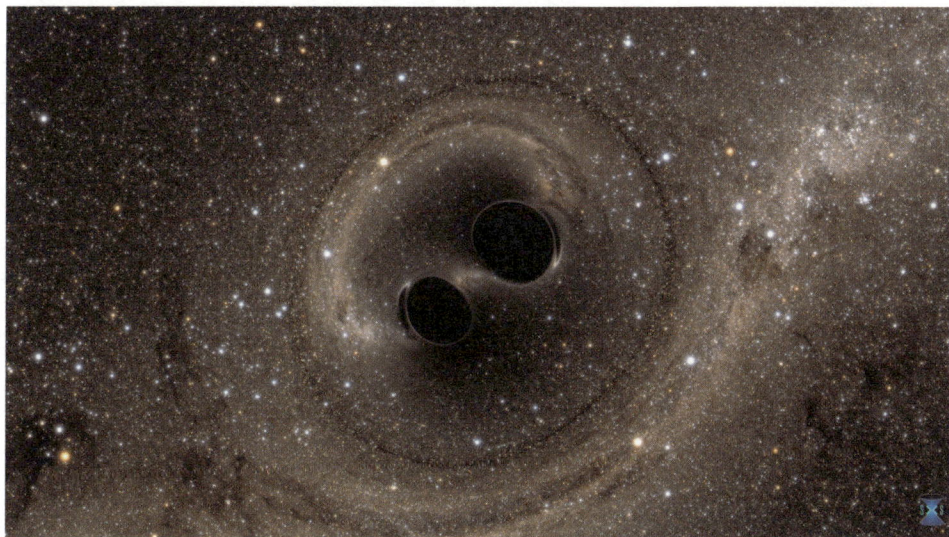

● 双黑洞（图片来自 LIGO）

我们认为这个信号来自两个黑洞碰撞发出的引力波。这两个天体的质量分别是太阳质量的30倍，以相对论性的速度相互旋转，然后碰撞到一起。这个场景非常震撼！

2017年8月，LIGO（有2个探测器）与另外一个引力波探测器室女座干涉仪（VIRGO）合作，三个探测器通过三角测量可以极大地提高波源位置的精确度。这可以看作将引力波信使和其他各种电磁波信使结合起来的开端。我们很幸运，本来LIGO只运行到2017年8月，之后将关闭一年以上进行改进以便进行更多的探测。就在关闭LIGO之前，我们与VIRGO合作进行的这次探测，看到了一个中子星并合的事件。由于VIRGO的加入，我们得以确定这次事件在空中的位置。

另外，费米太空望远镜正好探测到一场伽马射线暴，伽马射线暴信号在LIGO探测到信号2秒后产生，这是很多理论模型预测了的中子星并合时伴随的现象。全世界的探测器都指向天空中的那个位置，包括引力波探测器、中微子探测器以及红外光、射电、X射线和伽马射线探测器。所有这些探测手段都被用来研究这次并合事件中的物理现象，开启了多信使天文学的研究。

引力波观测还可以帮助我们理解地球上的各种重元素来自哪里，比如地球上可以挖到的金、银、铂矿。这些元素是怎么产生的？我们知道，宇宙中大部分物质是氢和氦这些轻元素，在元素周期表中，铁附近以及比铁轻的元素是可以通过恒星的核聚变过程而产生的，但是重元素的产生方式一直都是个难题。科学家认为，一些大家熟知的元素，比如铂和金，它们很可能是中子星碰撞的产物。

不久的将来还会有新的探测器加入我们。日本正在神冈建造一个名叫KAGRA的引力波探测器，这个探测器将让我们有机会进行新的尝试，比如深入震动更小的地表以下、通过冷却装置降低噪声等。

哪怕不用革新性的技术，只要把现有技术做到极限，精度或许可以在现在的基础上再提高10倍。今后我们还将触及更多的宇宙学问题，从科学目标上拓展LIGO的能力范围。

我和引力波研究

基普·索恩

基普·索恩于 1940 年出生于美国洛根，1962 年获加州理工学院学士学位，1965 年获普林斯顿大学博士学位。他于 1970 年成为加州理工学院教授，1981 年任威廉·凯南讲席教授，1981 年到 1991 年，担任理论物理费曼讲席教授，1991 年至今，荣休理论物理费曼讲席教授。

索恩是引力物理和天体物理学领域最有影响力的理论物理学家之一，同时，他积极参与教学和科学普及工作。他和约翰·惠勒、查尔斯·米斯纳合著的经典教材《引力》是广义相对论领域经久不衰的经典教材，他的科普作品《黑洞与时间弯曲》把深奥的理论物理讲述给一般公众，他还是科幻电影《星际穿越》的科学顾问。

索恩对引力波及其探测进行了长期的深入研究，他的理论工作奠定了引力波探测的基础。由于在 LIGO 探测器和引力波观测方面的决定性贡献，索恩与巴里·巴里什、雷纳·韦斯分享了 2017 年的诺贝尔物理学奖。

（以下内容整理自基普·索恩 2017 年在"墨子沙龙"上发表的演讲）

我想以我自己年轻时的故事开头。

我在美国犹他州落基山上的一个小镇里长大。很小的时候，我想成为除雪车司机，因为那时候在我眼中，世界上最厉害的事就是开着除雪车把雪堆成三米高的小山。

但是后来，在听了一节关于太阳系的课程之后，我开始对天文学产生了浓厚的兴趣。特别是1953年，13岁时的我读了一本乔治·伽莫夫写的书，书名叫《从一到无穷大》。伽莫夫不但是一位理论物理学家、宇宙学家，还是一位富有启发性的作家。我就此沉迷——我爱上了宇宙学，还有统治这个宇宙的定律。

可能有人听说过《星际穿越》，我尝试通过参与制作这部电影把自然定律和宇宙的美传递给下一代人。我还写了一本书来帮助年轻人更好地理解《星际穿越》中的科学，这算是我做的一点微小的贡献。

我从伽莫夫那里受到了启发，正因如此，我希望启迪更多的年轻人。我在高中的时候以为自己很聪明，可到了美国加州理工学院以后，却发现自己有些笨，觉得自己的脑子转得比其他大多数同学慢，我要很费力才能跟得上周围的人。但我还是坚持下来了，因为我找到了自己做事的方法。我意识到，如果我想成功，我就需要对正在学习的东西理解得更深刻。

有一个习惯直到现在我仍保持着：在学习物理的重要结论时，我会用自己的方法去解释它们，然后给出自己对结论的推导和证明，留下我自己的笔记。私下里我一直用我自己的"语言"处理问题。我有时候会翻阅多年前的笔记。所以，我想告诉年轻人的是，如果你理解问题的时候有困难，你可以试着去找属于自己的方法，它可以是一种你自己理解事物的方法，不需要与其他人一样。

在普林斯顿大学读博士时，受到博士导师约翰·惠勒的启发，我对中子星和黑洞产生了兴趣。我经常参加杰出的物理学家罗伯特·迪克的组会，他当时正在进行有关引力的实验。我是一个理论物理学家，不做实验，但是每个星期我都去参加迪克研究组的组会。我会认真地听组会上学生和博士后的发言，包括当时是博士后的雷纳·韦斯讨论他们进行的实验。所以，我对实验也有了一些了解。

尽管我是一个理论物理学家，却在1963年参加了一个暑期学校。那个暑期学校是关于理论物理学和实验物理学的，地点在法国阿尔卑斯山上的莱苏什。在那里，我遇到了雷纳提到过的约瑟夫·韦伯。他当时正在领导引力波探测实验的早期阶段。约瑟夫和我在法国的阿尔卑斯山散步，我关于引力波实验的想法正是受到了他的启发。1966年，当我以一个年轻教授的身份回到加州理工学院时，我决定组建一个理论研究团队，主要研究黑洞、中子星和引力波的理论。那时还没有引力波的实验项目，我开始与我的学生、博士后以及同事一起思考：如果引力波能被探测到，我们可以从引力波中研究哪些科学问题？ 1972年，我们开始构想引力波天文学的蓝图。

构想的关键是：引力波与天文学家通常的研究手段——电磁波是如此的不同。电磁波非常容易被散射或者吸收，而引力波不会被物质显著地吸收或散射，即便是在宇宙诞生之初大爆炸时发出的引力波，也只会有非常小的部分被吸收或者散射掉。引力波可以穿透一切东西。

我们可以通过引力波看到与电磁波看到的不同的宇宙，因此引力波有可能带来一场关于如何理解宇宙的革命。1972年，我和学生发表了第一篇关于引力波天文学前景的文章。同一年，雷纳·韦斯展示了有关干涉引力波探测器的想法，而这个话题，我们当时讨论已久。经过仔细的计算，雷纳·韦斯得出结论，如果建造一个几千米长的装置，我们或许能够找到引力波。我听说了雷纳·韦斯的想法，但它需要测量镜子的移动，精度达到测量所用光的波长的一万亿分之一。我当时觉得，这太疯狂了！

因此在我和我的博士导师约翰·惠勒以及查尔斯·米斯纳合写的那本著名的教科书《引力》中，我写道：我对此持保守的态度。我没有说这很疯狂，但我认为这不是一个有前景的方案。

几年之后，我研究了雷纳·韦斯的方法，并与他和弗拉基米尔·布拉金斯基（一位伟大的俄罗斯实验物理学家）讨论，我开始相信这确实有可能成功，因此决定尽我所能来帮助实验团队获得成功。

● 分别位于汉福德和利文斯顿的 LIGO 装置

我花了职业生涯中70%的时间和我的学生一起致力于此。我们首先在加州理工学院建立了一个引力波实验的实验组，请来了罗纳德·德雷弗（一位非常聪明的实验物理学家），他对雷纳·韦斯的设计进行了很多重要的改进。1984年，德雷弗、韦斯和我创立了LIGO项目，但在之后的几年里，我们无法达成一致并做出决定，也没有办法有效地推进项目。LIGO项目搁置了一段时间，直到我们请到了巴里·巴里什，他创建并领导了现在的LIGO项目，拯救了我们的梦想。

到大约2020年，LIGO将达到之前提到的设计精度，我们将会遇到布拉金斯基最早指出的一个现象：当能够以非常高的精度测量LIGO中大镜子的位移，就会发现它遵循量子物理而不是经典物理（注：演讲时间为2017年12月。2020年，光子与LIGO镜子的量子关联被观测到）。这意味着，人类将第一次看见人体尺度大小的物体表现出量子力学的行为。这需要量子非破坏测量技术，这正是中国科学技术大学上海研究院的一个核心的工作。现在这个技术已经被发展起来，也是量子信息很有意思的一部分。

最后，我想谈一下LIGO探测器将可能看到的其他引力波源，以及展望一下未来。

我们预计能看到中子星自旋的引力波。中子星的自旋会产生脉冲，因此也被称为"脉冲星"，它们表面和内部的不均匀会产生可以被观测到的引力波。还可能看到黑洞撕裂中子星，观测到超新星爆发……

在接下来的15～20年中，我们可以进行4个不同频段的引力波天文学的研究。LIGO探测周期为毫秒的引力波，未来的引力波探测器激光干涉太空引力波天线（LISA）将会覆盖周期从分钟到小时的引力波，脉冲星计时阵列可以探测周期为几年到几十年的引力波，而宇宙背景辐射极化可以用来测量周期为亿年的引力波。这4个不同的频段相当于传统的X射线天文学、可见光天文学、红外天文学和射电天文学。

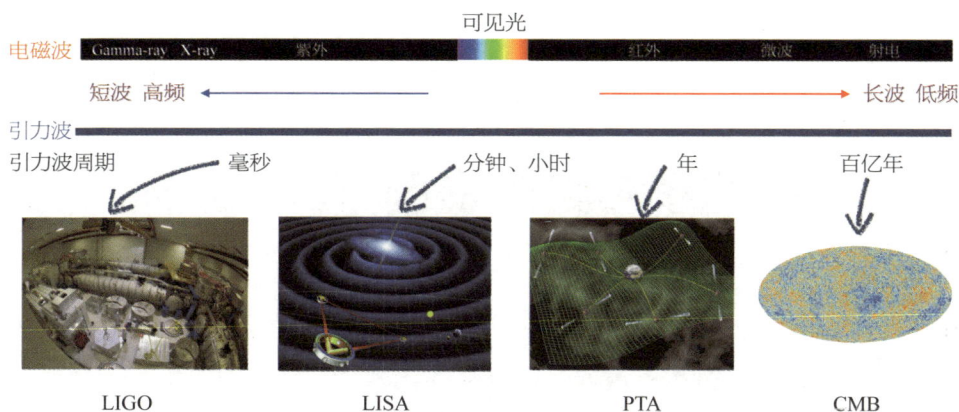

不同频率的电磁波和引力波

我们甚至可以用引力波来研究极早期的宇宙。在宇宙诞生10～12秒后，会有一个相变，非常基本的物理学定律会改变，被称作电弱相变。根据理论，如果这个过程发生的话就会产生引力波。大爆炸产生的引力波，虽然只是引力场的量子涨落，但在宇宙非常快速膨胀的暴胀时期会被放大。这些非常丰富的引力波谱，会在宇宙微波背景辐射上面留下今天可以看到的极化图案，从而能够被研究早期宇宙微波信号的天文学家探测到。

400多年前，伽利略制造了一个小型光学望远镜，并把它指向天空，然后发现了木星的卫星、月球的陨石坑。此后的时光里，电磁波天文学完全改变了我们对宇宙的理解。就在几年前，LIGO开机运行，发现了黑洞并合的引力波，请大家畅想，在接下来400年，我们会通过引力波发现什么呢？

99

神奇的中微子与粒子物理

王贻芳

王贻芳，中国科学院院士、中国科学院高能物理研究所所长，1963 年 2 月出生于江苏南京，1984 年毕业于南京大学，同年加入欧洲核子研究组织（CERN，是世界上最大的粒子物理实验室）丁肇中领导的 L3 实验，1992 年获意大利佛罗伦萨大学博士学位。

王贻芳领导完成了北京正负电子对撞机上北京谱仪的设计、研制、运行和物理研究，使我国在轻强子谱和粲物理研究方面处于国际领先地位。他还开创、领导了我国中微子实验研究。他领导的大亚湾中微子实验发现了一种新的中微子振荡模式，揭示了超越标准模型的新物理。该成果入选美国《科学》杂志 2012 年全球十大科学突破，获得 2016 年度国家自然科学奖一等奖、2016 年度基础物理学突破奖等重要奖项。他提出江门中微子实验设想，并领导了从设计、预研到建设的工作。

（以下内容节选、整理自王贻芳院士于 2016 年在"墨子沙龙"上发表的演讲）

非常荣幸有机会跟大家一起谈谈粒子物理，特别是中微子，以及我对粒子物理研究的一些感想。

粒子物理简介

什么是粒子物理

粒子物理（通常也称作"高能物理"）研究的是物质世界最基本的组分和它们之间的相互作用。过去几百年甚至上千年，人类一直在追寻物质世界最小的组成单元。对这一问题，古希腊人、我们中国的先贤都进行过一些思考。近代科学诞生以后，大家知道了分子、原子，知道了原子核，对物质世界最基本组分的认识在一步步深化。

具体来说，我们要解决的基本问题有以下4个。

1. 物质世界是由哪些基本粒子构成的？元素周期表中有100多种元素，而基本粒子到底有多少种呢？

2. 如何描述这些基本粒子之间的相互作用？

3. 这些基本粒子分别具有什么性质？

4. 基本粒子的性质及其相互作用规律与宇宙的起源、演化的关系密切，如何建立起两者之间的关系？

标准模型

经过几十年的研究，科学家对物质世界最基本的组成单元已经有了相当清晰的认识，逐渐建立起了粒子物理的一套理论框架，称作"标准模型"。

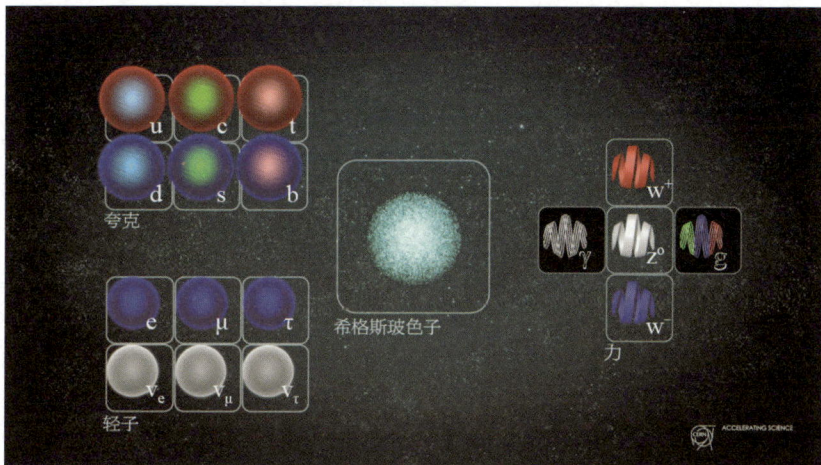

● 粒子物理标准模型中的粒子（图片来自CERN）

标准模型中的基本粒子分为两大类：构成物质的基本粒子——费米子，描述它们之间相互作用的基本粒子——玻色子。构成物质的费米子有12类：6类夸克、3类轻子和3类中微子。电子属于轻子，它是我们知道的第一类基本粒子，另外两类轻子是此后发现的μ子和τ子。3类中微子和3类轻子一一对应，分别为电子中微子、μ子中微子、τ子中微子。而夸克构成了原子核里面的质子和中子，质子、中子又构成了原子核。

构成物质的基本粒子一共只有12类，非常简单，比元素周期表中的100多种元素要简单得多！基本粒子组成我们的整个物质世界，就如同用一个个小砖块建造一座大楼。基本粒子就是砖块，这些"砖块"还需要用"水泥"黏合。这些"水泥"就是传递相互作用的玻色子，有光子、W粒子、Z粒子和胶子。

光子传递的是电磁相互作用，W粒子、Z粒子传递弱相互作用，胶子传递强相互作用。科学家一直在追求怎么把相互作用统一起来。最早做此尝试的是英国物理学家麦克斯韦，他把电和磁统一起来了，也就是电磁相互作用。二十世纪六十年代到二十世纪八十年代，我们有了电弱统一理论，即把电磁相互作用和弱相互作用统一起来了。现在，科学家还在努力把强相互作用统一起来。他们做过各种尝试，比如大统一理论等，甚至希望完成更大的统一，即把引力也统一起来。这是物理学家一直在追求的，但到目前为止，还没能成功。

最后谈谈希格斯粒子。夸克、轻子、光子、W粒子、Z粒子、胶子，所有这些基本粒子都满足规范相互作用，而规范相互作用有一个最基本的要求：所有粒子的质量为零。但我们知道，实际上我们发现的粒子的质量并非为零。质量从哪来？通过希格斯机制。希格斯机制说，有一种叫作希格斯粒子的基本粒子，是它赋予所有参与规范相互作用的零质量粒子以质量。这就是我们整个标准模型的大框架。

希格斯粒子是标准模型中最后一种被发现的基本粒子，于2012年在欧洲核子研究组织的大型强子对撞机（LHC）上被发现。在我1985年做学生的时候，人们就开始寻找希格斯粒子，一直到2012年才找到。这是全球上万名科学家和工程师30多年努力的结果，体现了科学、工程、管理、国际合作、文化等各个方面的协作。

● LHC 的 CMS 实验谱仪（图片来自 CERN）

希格斯粒子的发现产生了巨大的社会影响，被各种媒体广泛报道。另外，在寻找基本粒子的旅途中，还产生了影响人类生活的技术。例如，在 LHC 的准备过程中，科学家发明了万维网。大家以前都用电子邮件互通信息，效率很低，网页技术发明以后，解决了全世界上千名科学家之间的信息互通难题。粒子物理研究除了给我们带来知识之外，同时还深刻地改变了我们目前的生活方式，对人类社会的贡献巨大。

粒子物理研究确实取得了辉煌成就。到目前为止，标准模型在理论构造方面让相关研究的科学家获得了9次诺贝尔奖，在实验验证方面获得8次诺贝尔奖，技术进步方面获得3次诺贝尔奖。希格斯粒子被发现之后，标准模型看起来很完备了，粒子物理研究是不是要结束了？

下一步的发展

显然，作为粒子物理学家，我们深知标准模型不是一个最终理论，还有很多问题有待解决。实验上，我们已经看到一些超出标准模型的现象，理论上标准模型也是不完备的。例如，在实验中发现中微子是有质量的，而在标准模型中，中微子是没有质量的。到现在为止，还没有一个有效的理论方案，可以在标准模型中描述有质量的中微子。中微子质量问题与希格斯粒子有关，希格斯粒子是我们寻找未来新物理的一个突破口。

其中一个努力方向是往更深的层次去探究。标准模型中的基本粒子真的是基本粒子吗？会不会有更深层次的存在？在这方面，我们有各种各样的理论模型，包括所谓的"复合模型"：我们看到的基本粒子是由更深层次、更基本的粒了复合而成的。还有一个努力方向是，寻求更大程度的统一。现在电磁相互作用、弱相互作用已经统一起来了，一些模型也试图将强相互作用统一了，今后甚至要把引力统一进来。

要弄清楚这些问题，唯一途径就是寻找新的实验证据。只有这样，我们才知道现在的问题到底在哪里，粒子物理下一步往哪个方向发展。

国际高能物理发展战略

2012年，日本发布了高能物理发展规划，认为如果希格斯粒子被发现了，日本应该建造国际直线对撞机（ILC）；如果中微子混合角θ_{13}被确认较大，日本应该建造"超超级神冈实验"（Hyper-K）装置。现在来看，这两个假设都被证实是对的，可惜由于经济上的问题，日本的这两个实验都还没有往前推进（注：2020年日本政府正式批准了Hyper-K实验）。

欧洲在2013年9月发布了高能物理规划，包括：一直到2035年，将继续运行LHC，并且把亮度升级至当前的10倍以上；在更远的未来要研究"环型强子对撞机"（FCC-hh）与"环型正负电子对撞机"（FCC-ee）。FCC是"未来环形对撞机"的英文简写，hh指强子对撞，ee指电子对撞。这是长达100千米的大型正负电子或强子对撞机。

● 未来环形对撞机示意图（图片来自CERN）

中国高能物理研究现状

谈到中国的高能物理研究，不得不提北京正负电子对撞机和北京谱仪，它们研究的是强子物理。我们知道夸克构成了质子和中子，然而这只是定性的概念。3个夸克怎么构成一个中子或一个质子呢？到现在为止还不能定量地算出来。北京正负电子对撞机正是用于研究这一问题，同时寻找稀有衰变等现象。

在高能量前沿领域，中国参与了欧洲LHC的研究项目；在反物质方面，中国参加了丁肇中先生领导的反物质实验；在中微子方面，我们有大亚湾实验项目（注：2020年12月12日，大亚湾实验正式退役）和在建中的江门中微子实验项目；在暗物质粒子方面，有地下的锦屏山实验项目，空间的"悟空"暗物质粒子探测卫星和"高能宇宙辐射探测设施"（HERD）。

下面我将就我比较了解的一个方面——中微子研究做一些详细介绍。

中微子研究

中微子是什么

中微子对很多人来说可能有点陌生，其实它就存在于我们的周围。超新星以及我们的银河系、太阳、地球、反应堆都是中微子源，都可以成为我们研究中微子的一个工具。我们人体也是一个中微子源，每天大概会发出数亿个中微子。

中微子是构成物质世界的最基本的单元之一，但中微子也非常奇怪，只有左旋中微子，没有右旋中微子。我们知道，光子有偏振——左旋或右旋，但是非常奇怪，只有左旋中微子，不存在右旋中微子。为什么如此？我们还不知道，这是有待研究的问题。

在宇宙中有大量的中微子，密度差不多是300个/立方厘米。中微子质量的大小对宇宙的形成演化有巨大影响，特别是对于宇宙中大尺度结构的形成有巨大的影响。宇宙中的大尺度结构是怎么来的呢？在宇宙初始大爆炸的时候，有所谓的原始密度涨落，在引力和宇宙膨胀的作用下，这一涨落逐渐演化为现今的宇宙结构。这个涨落实际上跟中微子的质量有密切关系，如果中微子没有质量的话，这个涨落会被抹平，宇宙结构就不能形成。也就是说，如果中微子质量为零，就不会有银河系、太阳系，也不会有我们每一个人。中微子质量跟我们的存在有非常密切的关系。

大亚湾中微子实验与中微子振荡

中微子研究和很多学科领域都有关系，比如天体物理、地质学、粒子物理等。质量是中微子研究的核心问题，一是因为在宇宙学中，大尺度结构的形成跟中微子质量有很大关系；二是因为在粒子物理的标准模型中，我们仍不知道怎么引入有质量的中微子。

1956年，一位叫作布鲁诺·庞蒂科夫的意大利物理学家写了一篇文章，认为中微子有可能有质量。中微子如果有质量，质量本征态和弱作用本征态就会不一样，中微子就会发生振荡。也就是说，在飞行过程中，一种中微子会变成另外一种中微子。这种现象被称作"中微子振荡"。

中微子振荡被提出后的很长一段时间里，大家一直没把它放在心上，一是它和标准模型不符，二是开展相关实验非常难。直到1998年，日本的"超级神冈实验"（Super-K）确切无疑地发现了中微子振荡现象。2002年，太阳中微子实验也证实了中微子振荡。

太阳中微子振荡和大气中微子振荡都被发现了。根据理论模型，中微子还应该有第三种振荡模式，与其相关的参数叫作θ_{13}，我们需要把这个参数给测量出来。它是物理学中的一个重要参数，其大小对未来中微子物理的发展方向起着决定性作用。实验上有不同的方法来测量θ_{13}，可以用加速器，也可以用反应堆。

● 大亚湾中微子实验装置

2012年，我们的"大亚湾中微子实验"成功测量出θ_{13}，它的成功一方面在于不错的项目设计等因素，另一方面也是有运气的成分在的。这个实验最终做得好不好，在于自己，也在于别人。如果别人做得都不是特别好的话，我们就占了先机。

当年在国内第一次做这样的大型实验时还是有很多担心的。在这样的大型国际合作组中，中美两国有200多位科学家参与，涉及很多单位，算得上是两国在基础科学研究中最大的一个合作项目。我们2003年提出实验方案，2006年获得批准，2007年正式破土动工，一直到2011年基本完成建设，2011年底开始运行。

整个项目有大量的技术难题要解决，包括机械、真空、化学化工、土建等方面的问题。作为高能物理实验，整个项目首先要有一个科学目标，然后为达成这个目标设计探测器，再把探测器建造起来，获取数据、得到结果，整个过程都得自己完成。

江门中微子实验

● 江门中微子工程

下一步我们要做的是江门中微子实验。江门市距离台山和阳江这两个核电站约53千米，这一位置是最适合利用核反应堆测量中微子质量顺序的地方。在这个地方，我们可以研究很多与中微子相关的科学问题。

我们知道中微子具有质量，但3种中微子的质量究竟哪个大哪个小，它们的顺序是怎样的，到现在为止，我们还不知道。这是中微子理论研究上非常重要的问题，也对实验技术提出了很高的要求，江门中微子实验有望首次测定中微子质量顺序。另外有3个中微子振荡参数目前的实验精度在3%到10%之间，江门中微子实验可以做到小于1%。

江门中微子实验同时可以研究超新星爆发。如果在江门中微子实验项目30年的设计寿命期限内，有一次距离跟1987A一样的超新星爆发，我们将能探测到2000甚至5000个中微子，并且我们可以区分不同的中微子。所以运气好的话，在超新星中微子研究方面，江门中微子实验会取得重大的成果。当然，我们也可以研究地球发出的中微子、太阳中微子，等等。

建设中的江门中微子实验吸引了来自19个国家和地区的数百位科学家参与。另外，我们还在考虑比江门中微子实验更远的未来。

结语

粒子物理实验往往是庞大复杂、需要长期积累的工程，要想取得成果，有几个因素很关键：好的科学目标、长远的规划、一贯的技术发展路线。日本从"神冈"到"超级神冈"，再到"超超级神冈"，都是采用同一条技术路线：水下探测器。我们中国从大亚湾到江门，甚至再到未来的设施，也是走同一条技术路线：液体闪烁体路线。从2003年开始，一直走到今天，甚至到未来的2050年，这条技术发展路线使得我们的高能物理实验能够一直往前走几十年，维持竞争优势。

当然，历史上也有因规划不正确而错失发展前景的例子。比如，美国曾有一个跟日本"超超级神冈"一样的方案，叫作终极中微子天文台（UNO），但没有继续进行下去，最终使得美国在中微子领域的发展非常困难。

中国高能物理发展的起点还是很高的。当年老一辈物理学家做出了艰难而勇敢的决定。几十年来，我们的发展很顺利，现在我们面临新的重大机遇，我们有机会在高能物理这一非常重大的科学领域中领先世界，在一批关键技术上领先世界。随着中国影响力的提高，我们必将会有更多的大科学装置逐步赶上世界的脚步进而引领世界。

"悟空"：
探测暗物质粒子

常进

常进：暗物质粒子探测卫星"悟空号"首席科学家，中国科学院院士。在空间伽马射线和高能带电粒子探测技术上做出了开创性贡献，是中国空间天文学领域的学术带头人之一。现任中国科学院国家天文台台长、中国科学技术大学天文与空间科学学院院长。

（以下内容整理、节选自常进院士2017年在"墨子沙龙"上发表的演讲）

从太阳系边缘看地球，地球就像一粒浮尘。而当我们从一个更宏大的视角来观望，会发现相对于整个银河系，太阳系可能连一粒浮尘都算不上，它只是一个点！

银河系是一个棒旋星系，有两个大的旋臂，两个大的旋臂又分为很多小的旋臂。银河系里的发光物质分布在大约10万光年尺度的范围里，太阳与银河系中心的距离大约是2.5万光年，以约2.3亿年的周期绕着银河系中心旋转。

位于兴隆的郭守敬望远镜（LAMOST）是目前我国最大的光学望远镜。利用它，研究人员测量了大量的恒星光谱，基于测量数据计算出太阳绕银河系中心旋转的速度大约是240千米/秒。我们知道，人造卫星绕地球旋转，离地球越近的时候速度越快，离地球越远的时候速度就越慢。如果在离地球很远的地方保持高速，它肯定会冲出地球系统而进入太阳系。根据太阳的质量、位置等信息，加上银河系中间发光物质的分布，我们可以准确地计算出，太阳在其轨道上的公转速度应该是160千米/秒左右，那么实际上它是如何在240千米/秒的速度下保持在其轨道位置而没有飞出去呢？

● 银河系

　　因为在银河系存在着大量我们看不见的物质——"暗物质"。我们测量银河系外围的星云，它们环绕银河系中心旋转的速度大概为200千米/秒，根据速度－距离关系，可以推断出银河系里物质的总质量应该为已经观测到的发光物质质量的10倍左右。我们知道银河系中大概有1000亿颗恒星，但银河系里物质的总质量大概是这1000亿颗恒星质量的10倍！还有约90%的东西是不发光的。

　　最新的观测结果表明，关于宇宙的奥秘，我们只弄清了大约5%，还有95%是看不见的暗物质和暗能量，其中暗物质大概占25%，暗能量则占接近70%。

　　暗能量是另外一个重要的前沿问题，我们先重点讲暗物质。

　　许多的天文观测结果都表明，暗物质是真实存在的。但是暗物质的物理性质是什么呢？

　　在描述世界组成和相互作用的粒子物理标准模型中，有16类共61种基本粒子，其中希格斯粒子，也就是我们常说的"上帝粒子"，于2012年在欧洲核子研究组织被发现，它们是通过大型环形加速器让两个粒子加速碰撞产生的。可是，目前已知的61种基本粒子和暗物质粒子的物理性质都不吻合。暗物质粒子必须具备什么性质呢？它们必须具有寿命长、质量大的特点，不参与强相互作用（但可能有弱相互作用），也不参与电磁相互作用，只有引力相互作用。

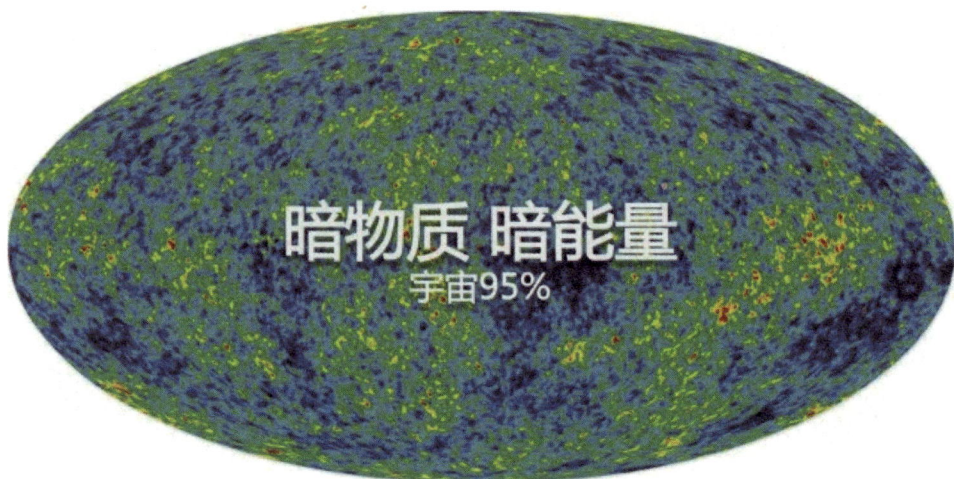

● 宇宙微波背景辐射图（图片来自欧洲航天局）

暗物质粒子探测为什么这么热门呢？原因就在于，如果我们在暗物质研究方面取得突破，那就意味着我们也会在粒子物理学上取得突破性进展。至于暗物质为什么这么难探测，我给大家讲一个故事。

我有个朋友，他现在已经退休了。在希格斯粒子刚刚被提出的二十世纪六十年代，他正好在读高能物理专业的研究生，主要研究方向就是寻找希格斯粒子。当时，大家预估希格斯粒子的质量在MeV量级（注：MeV，百万电子伏，是能量单位。爱因斯坦质能方程告诉我们，质量和能量是可以相互转换的，因此在粒子物理领域，常用质量所对应的能量来表示粒子的质量。电子的质量大约是0.5MeV）。我们知道实验室中核物理实验涉及的能量大部分都在MeV量级，所以大家认为可以在实验室里探测到希格斯粒子。当然，后来没有探测到，于是大家认为希格斯粒子的质量可能为MeV的几十倍，接近GeV（1 GeV = 1000 MeV）量级，必须要到加速器上才能探测到。

这个朋友后来到斯坦福大学去做博士后，在那里研究了5年，还是没探测到希格斯粒子，那时人们认为希格斯粒子的质量可能在GeV以上。当时，德国有一个世界上最大的加速器——电子同步辐射加速器（DESY），丁肇中先生获得诺贝尔奖的实验就是在DESY上做的高能物理实验。物理学家在那个加速器上花了10年时间还是没找到希格斯粒子，于是将希格斯粒子的质量调整到几十GeV量级。

后来，位于瑞士和法国交界处的欧洲核子研究组织建造了当时最大的粒子加速器，这个加速器叫大型正负电子对撞机（LEP）。物理学家在那个加速器上工作了十几年，还是没有找到希格斯粒子。于是人们认为希格斯粒子的质量可能在100GeV以上。

后来，更大的大型强子对撞机（LHC）建好了。在那里，物理学家终于找到了希格斯粒子。此时，我的那位朋友已经退休了。从这个故事我们也可以看出，每一个物理发现之艰难。

到目前为止，我们依然不知道暗物质粒子的质量究竟有多大，但是我们都希望类似的故事不要在自己身上发生。我们努力工作，希望能尽快找到暗物质粒子。

在宏观分布上，暗物质是宇宙的主要物质成分，但在微观上，其密度并不大。通过估算，我们可以推算出在地球附近的暗物质密度大概是0.3个/立方厘米。这么叙述比较枯燥，我们打个比方，如果在地球这么大的体积内装满了暗物质，按照上述密度计算，大概只有几千克到几十千克。可见即使在地球这么大的范围内寻找暗物质也是一件很艰难的事情。

探测暗物质粒子通常有3种方法。第一种方法是在加速器上探测，通过高能粒子碰撞模拟宇宙大爆炸初期的状态，将暗物质粒子碰撞出来。目前世界上最大的加速器就是发现希格斯粒子的那个强子对撞机，其设计对撞能量是14TeV，目前运行中的对撞能量已经达到了13TeV。可惜10年下来，在暗物质粒子探测方面没有取得什么成果。

第二种方法是在地下直接探测，这种方法通过探测暗物质粒子与普通原子核的碰撞来探测暗物质。就像打台球一样，一个球碰撞另外一个球，虽然暗物质粒子本身不可见，但是暗物质粒子碰撞另外一个球（原子核）以后，那个球就会动。通过探测这种碰撞就可以探测暗物质粒子，即通过探测反冲原子核来探测暗物质粒子。这种碰撞的能量大概在keV到MeV量级，由于在这个能段，地面上存在大量的本底噪声，尤其是宇宙射线产生的大量次级粒子就处在这个能段，所以为了屏蔽这些本底噪声，必须把探测器放到地底下。探测器被放得越深，本底噪声就会越小。我国在锦屏山建设了世界上最深的地下实验室，来探测暗物质粒子。

第三种方法是空间探测，因为暗物质粒子来自宇宙大爆炸初期，在宇宙大爆炸刚开始的时候，暗物质粒子相互碰撞，产生了测得到的粒子。我们通过探测空间中暗物质粒子碰撞所产生的测得到的粒子，去探测看不见的暗物质粒子。

到目前为止，在加速器上没有探测到暗物质粒子的信号，地下实验也没有探测到暗物质粒子的信号，空间暗物质实验也没有探测到，但是我们发现了一些迹象。比如丁肇中先生领导的阿尔法磁谱仪计划（AMS）团队通过比对5年多的数据，发现宇宙中的高能正电子的流量比理论模型预测的要高；理论模型预计正电子流量应该随着能量的增加而减少，但是他们发现，随着能量的增加，流量并没有减少，反而增加了。这些增加的正电子是来自暗物质粒子还是来自特殊的天体物理过程，我们并不是很清楚。目前，我们还没有办法下结论的主要原因是受限于探测器尺寸和灵敏度，观测的能量区间比较低，所以我们需要一个新的探测器，通过探测天上的高能粒子的能量、方向、电荷，来鉴别出它的种类，来探测暗物质粒子。这也是我们提出发射暗物质卫星的主要背景。

暗物质粒子探测器实际上是一个望远镜，它工作在特别高的能段，大概比可见光波段高万亿倍。能量这么高的光子和探测器作用以后，不会发生反射、折射这些普通的光学过程，它们的作用结果大部分以粒子发射的形式出现。高能光子和探测器发生作用以后产生正负电子对，我们这个望远镜通过探测正负电子对的方向、能量，来判断天上高能光子的方向和能量。

整个探测器从上到下大概有4层（见下页图）。最顶部的塑料闪烁体探测器是用来区分粒子的电荷的，它是由中国科学院近代物理研究所研制的；中间的硅阵列探测器是由高能物理研究所和一些国际团队合作研制的；再下面一层是最主要的探测器——1吨多重的BGO量能器，这个探测器是由中国科学技术大学负责研制的；最底下的中子探测器是由紫金山大文台研制的。4个探测器组合在一起，可以高精度测量入射粒子的方向、能量、电荷，并鉴别出粒子的种类。

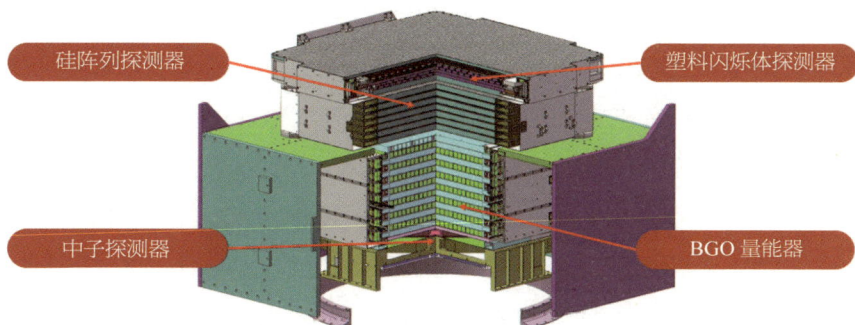

硅阵列探测器

塑料闪烁体探测器

中子探测器

BGO 量能器

● 暗物质粒子探测器

2015年底，暗物质粒子探测卫星发射。到目前为止，它的各项性能正常。整个探测器有1.4吨重，功耗为600瓦，工作在500千米高度的太阳同步轨道上。太阳从早到晚都可以照到卫星上，这可以保证卫星的温度相对稳定。

暗物质粒子探测器由7万多路传感器组成，所以每一个高能粒子打上去后，将有7万多个信号出来。根据7万多个信号，我们可以判断入射粒子的能量、方向、电荷。

目前为止，这台探测器在TeV能段的能量分辨率是1.4%，大大优于世界上所有其他在空间中的卫星（包括AMS02探测器）。这意味着，在能量测量方面，我们达到了世界最高水平。在电荷测量方面，我们的探测器覆盖从氢元素到铁元素的26种元素，对铁元素的电荷分辨率大概在0.3，这也和世界最高水平相当。

希望在不远的将来，我们中国人能够找到暗物质粒子。

附录：

（本文基于常进2017年8月发表的演讲整理，在此之后，"悟空号"又公布了几个重要成果。）

成果一：

2017年11月，中国暗物质粒子探测卫星（DAMPE）"悟空号"科学团队通过分析探测器在轨运行530天采集到的28亿例高能宇宙射线，从中"筛选"出大约150万个能量在25GeV以上的高能电子宇宙射线，成功获得目前国际上精度最高的TeV电子宇宙线能谱。这一成果发表于《自然》杂志。

"悟空号"的结果的重要科学意义在于：第一，其能量测量范围相比于国际上同类空间实验，如AMS-02，Fermi-LAT（费米–拉特）有显著提高。第二，"悟空号"在TeV能量段的电子质子排斥比非常高，这使得其电子能谱的精确性很高。第三，"悟空号"首次直接观测到电子宇宙线能谱在约1TeV处的拐折，此拐折反映了宇宙中高能电子辐射源的典型加速能力，其精确的下降行为对于判定能量低于1TeV电子是否来自暗物质起着关键性作用。

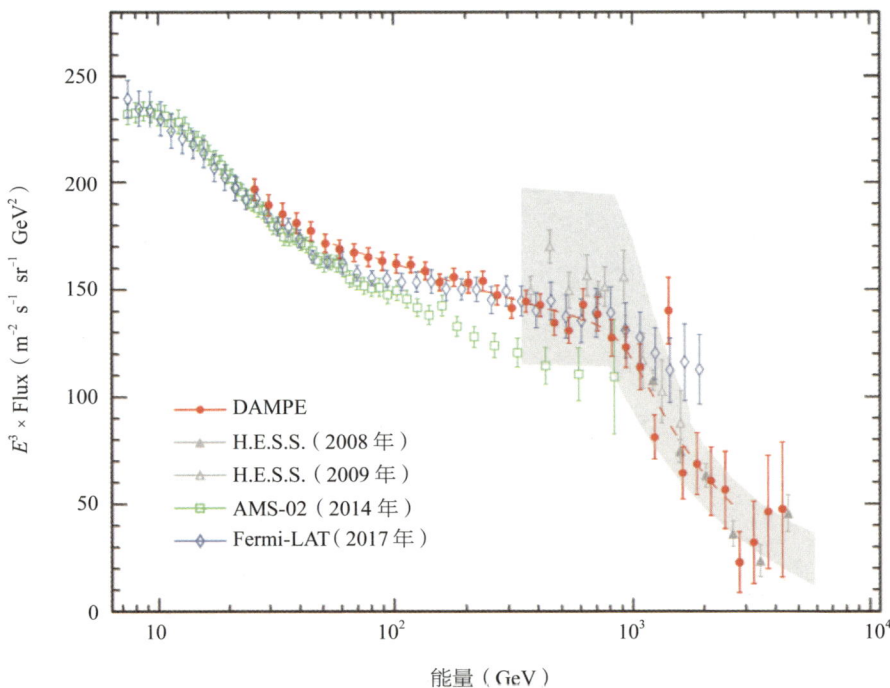

● 高能电子宇宙线能谱

成果二：

2018年9月，"悟空号"科学团队基于前两年半的数据，共收集到约2000万个高能质子事例，精确地绘出高能质子宇宙射线能谱，并观测到能谱新结构。这一研究成果刊发在《科学》杂志子刊《科学进展》上。

宇宙线中数量最多的粒子就是质子，约占总量的90%，精确测量高能质子能谱，对于宇宙线物理的研究具有重要意义。"悟空号"首次在空间实现了0.04～100 TeV能段宇宙线质子能谱的精确测量。通过能谱可以看出质子通量先上升、后下降的拐折结构，此结构很可能预示着地球正好毗邻某个宇宙线源，随着后续研究进一步深入，人类有望直接定位这一邻近的宇宙线源。宇宙线源相当于一个天然的超级粒子加速器，探究宇宙线中的高能粒子，可能打开现有物理模型之外的新世界。

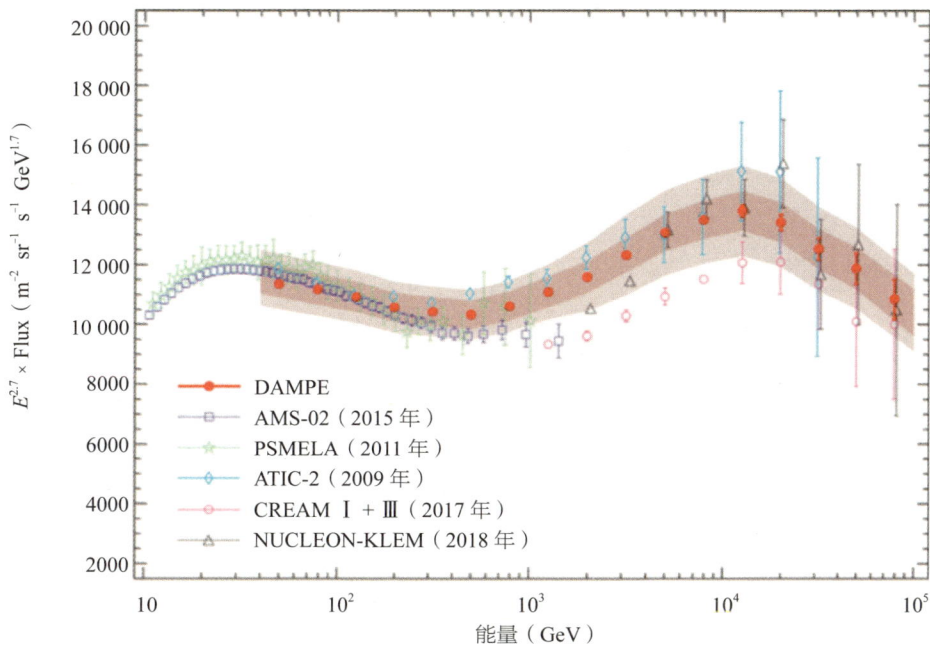

● 高能质子宇宙线能谱

成果三：

2021年5月，"悟空号"科学团队，基于4年半的观测数据，绘出宇宙线氦核70 GeV ~ 80 TeV能段能谱（这是迄今最精确的高能氦核宇宙射线能谱）并观察到能谱新结构。这一研究成果刊发在物理学权威期刊《物理评论快报》上。

这是"悟空号"继精确测量电子能谱、高能质子宇宙射线能谱后，第三次发布重要科学成果，标志着我国在空间高能粒子探测方面已跻身世界前列。

"悟空号"的测量结果相比于国际同类型空间实验，在 TeV 以上能段的精度显著提高。氦核能谱和质子能谱体现出非常类似的行为，预示着它们存在共同的起源。"悟空号"质子和氦核的宇宙线能谱结果还表明二者能谱拐折的位置近似正比于其电荷。这一新的拐折结构及其电荷依赖的特性预示着它们可能来自邻近地球的同一个宇宙线加速源，拐折能量对应于该源的加速上限。

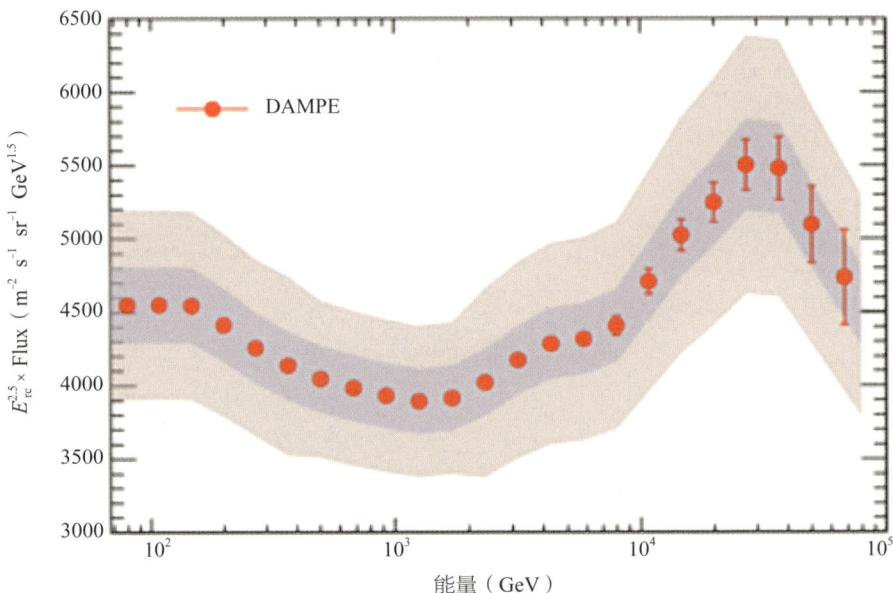

● 高能氦原子核宇宙线能谱

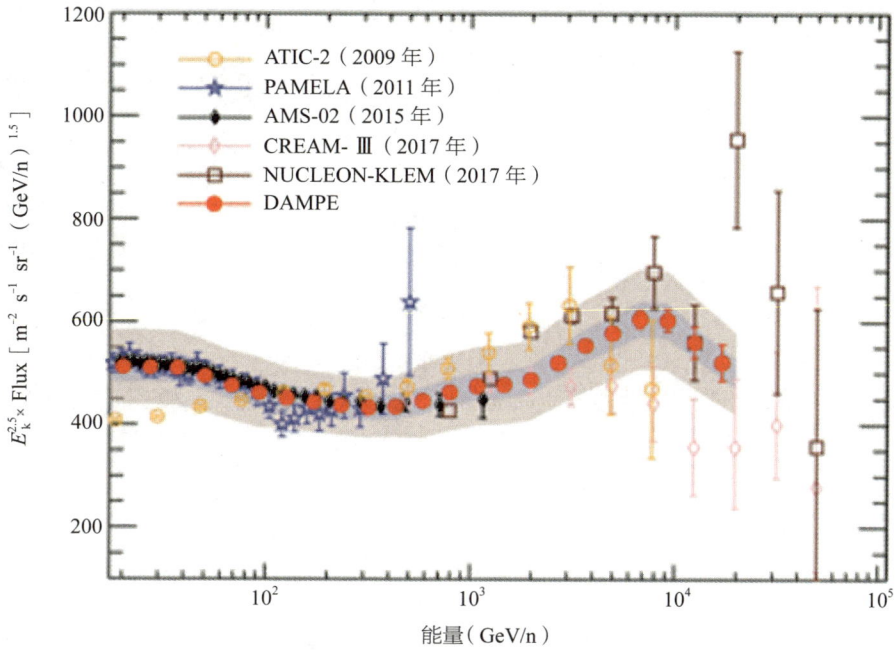

● 高能氦原子核宇宙线能谱（续）

新材料和新技术

04

Part 04

墨子沙龙

液体阳光

杨培东

杨培东，美国科学院院士、加利福尼亚大学伯克利分校教授、上海科技大学物质科学与技术学院院长，于 1971 年 8 月出生于江苏苏州，1993 年在中国科学技术大学获得应用化学学士学位，1997 年在哈佛大学获得化学博士学位。

杨培东是纳米材料、化学领域的世界顶尖科学家，在半导体纳米结构及其在纳米光学和能量转化中的应用方面做出了大量突破性贡献，如研制出第一个纳米导线激光器，设计纳米导线太阳能电池以及化学传感器、光学开关方面相关的应用。因"开创性地发明了纳米颗粒太阳能电池和人工光合作用"，杨培东荣获了 2020 年"全球能源奖"。

（以下内容整理、节选自杨培东 2019 年在"墨子沙龙"上发表的演讲）

在过去 100 多年的工业化进程当中，人类利用了大量的能源，其中最主要的来源是化石能源。现在人类的能量总消耗功率大约为 15 太瓦（1 太瓦等于 10^{12} 瓦特），80% ~ 90% 都源于化石能源。在过去一百年里，二氧化碳的浓度一直在上升。目前二氧化碳的浓度是 410×10^6。虽然这一数值看起来很小，但二氧化碳浓度的增加会带来全球变暖、海平面上升、环境污染等一系列问题，这意味着接下来的几十年或者一百年当中，人类生存的环境将有重大转折。

● 人类生存条件面临严峻考验

　　在全球变暖问题上，当今科学界有两种预期。一种情形是，改变旧有的能源利用方式，到21世纪末将全球平均温度的升高控制在2摄氏度左右，那么2100年时，陆家嘴还是陆家嘴。但如果还像过去一百年那样大量使用化石能源，就会导致另外一种情形——到2100年时，全球平均温度将提高4摄氏度，海平面上升引起的洪水会淹没一部分沿海城市，上海、纽约、旧金山、伦敦都难以幸免。

　　随着中国经济的快速发展，所用的能源也一直在增加。接下来，印度乃至非洲也会是这样。全人类对能源的需求非常高，如果一直依赖化石能源，二氧化碳排放的问题只会越来越糟糕。人类不能永远依赖化石能源，应该注重可再生能源的利用。

　　可再生能源一般包括太阳能、风能、水能等。太阳能电池实现的是太阳能到电能的转化。但是，在太瓦级的层面上解决能源转化与存储问题非常困难。将太阳能转化成电能，必须要有一个庞大的电池系统来储存这些电能。美国加利福尼亚州的太阳能使用相当普及，但是存储方面仍不足。太阳能白天发电，但电网不能提供足够的支撑，晚上用电的时候反而没电，情况非常不稳定。所以很多时候会把一些免费的太阳能电输送到周边的地区，亚利桑那州在夏天就会收到加利福尼亚州的太阳能电。这个例子表明，我们需要在电池方面解决太瓦级的储存需求。

● 太阳能、风能、水能等可再生能源

人工光合作用

我们知道，化学能的能量密度非常高，有没有技术把太阳能转化成化学能呢？今天我们要讲的人工光合作用就是这样的技术。

人工光合作用能做什么事情呢？现在，汽车、飞机主要使用燃油，汽车行驶过程中能量被转化利用，并排放二氧化碳和水到大气中。通过人工光合作用可以把二氧化碳和水再转化成汽油以及各种各样的化学品。二氧化碳是影响全球变暖的重要物质，碳在整个过程中百分之百参与循环，实现这样的转化对缓解全球变暖非常有用。而且从本质上说，化石能源也都是通过光合作用存储能量，能量最终的来源就是太阳。所以人工光合作用应该是一个相对来说比较好的、终极的碳平衡方案，能够同时解决能源问题和二氧化碳排放的环境问题。

从热力学角度来看，人工光合作用是可行的，绿色植物每天都在做这个事情。

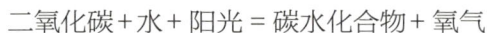

二氧化碳 + 水 + 阳光 = 碳水化合物 + 氧气

那么，怎么实现人工光合作用呢？这涉及能量转化、存储以及催化。

我们要在实验室中模拟自然界的光合作用，首先要理解它的原理。在绿色植物里面，复杂的光合作用过程可以分成4个步骤：光源捕获Ⅰ，光源捕获Ⅱ，氧化催化和还原催化。前面两个步骤涉及光系统Ⅰ和Ⅱ，两个都是有机高分子的集成体。光系统Ⅰ和Ⅱ捕获太阳双光子，从紫外到近红外，整个太阳能光谱的光子它都能够捕捉。系统捕获双光子之后产生电子，然后在催化剂表面发生化学反应，形成新的化学键——新的化学键能量密度往往很高。化学反应由氧化催化和还原催化两个"半反应"组成。在"水氧化"半反应过程中，绿叶中的水分子被活化以后，分解变成氧气，这里涉及生物催化剂。而"二氧化碳还原"半反应就是把环境当中的二氧化碳转化成碳水化合物，这里涉及另外一个催化剂，里面有一些金属有机的活化中心。加利福尼亚大学伯克利分校的化学家厘清了绿叶里面"二氧化碳还原成碳水化合物"的机制，并因此获得了诺贝尔奖。

　　清楚了自然界光合作用的原理之后，我们就可以在实验室里模拟它了。但在自然界的光合作用中，从太阳能到化学能的存储效率不高，一般来说只有0.5%，甘蔗能达到0.5%～5%。如果只有0.5%的存储效率，作为技术是不可能被推广的。人类所需要的能源是太瓦级的，所以在实验室中不仅要学习自然界，还要比它更稳定，效率还要更高。

能量图

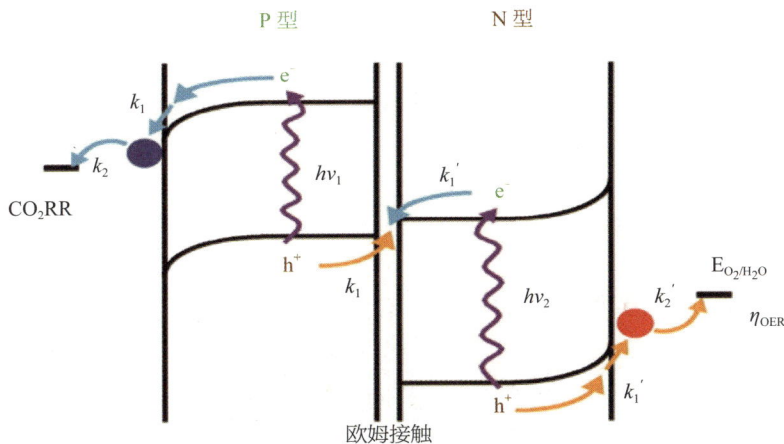

● **光化学二极管工作原理图**

　　上图是光化学二极管工作原理图，它是由半导体和催化剂集成的系统。在光化学二极管里面，有两种半导体——P型和N型。不同的半导体有不同的能带结构，能够吸收不同频率的光，这两种半导体的功能就等效于光系统Ⅰ和Ⅱ，也可以进行双光子吸收。P型和N型半导体的表面会放一些催化剂。催化剂也有两类，分别对应氧化和还原过程。P型和N型半导体被双光子活化后，在表面发生化学反应。N型半导体表面发生的是水氧化半反应，即水氧化变成氧气。P型半导体表面发生的是二氧化碳还原半反应。二氧化碳可以被还原产生各种各样的产物。

可见，这样的光化学二极管在实验室里面通过两类催化剂和两类半导体的集成，最终实现了光合作用的功能，即二氧化碳、水，加上太阳能，变成二氧化碳还原的产物——化学品和氧气。当然，绿叶里面并没有硅、锗、氮化镓等半导体，绿叶是通过有机的光吸收体和金属有机催化剂来实现光合作用的。

2003年美国能源部在伯克利国家实验室启动了"太阳神计划"（Helios）。它的目的就是向自然界学习，利用半导体与催化剂，把二氧化碳转化成有用的化学品，同时实现水氧化的过程。在设计蓝图（见下图）中，可以看到一些棒状物体，它们是高比表面积（指单位质量的物体的表面积大小。通常比表面积越大，说明物体越细）的半导体，一类是P型，另一类是N型。在高比表面积半导体上面负载两类催化剂，即二氧化碳还原催化剂和水氧化催化剂。当整个系统被做出来后，就能够完成前面所需要的全反应。这只是个蓝本，我们用了十多年的时间，才做出第一个真正把吸收体和催化剂集成在一起的集成体系。

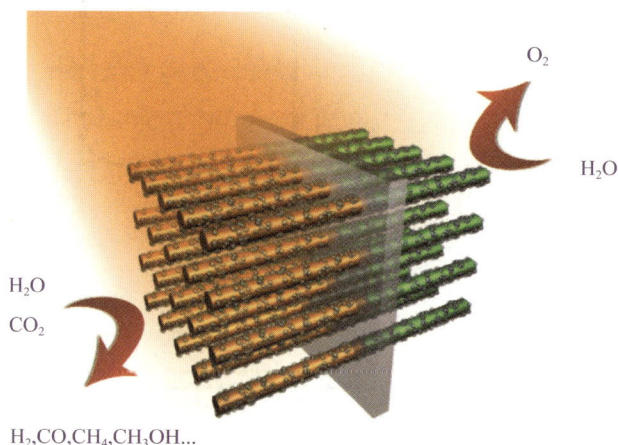

半导体纳米线阵列

下图是三维纳米导线阵列的电子显微镜照片。我们可以在这个高比表面积材料的表面负载催化剂，不管是生物催化剂还是实验室合成催化剂，都可以用来促进化学反应。

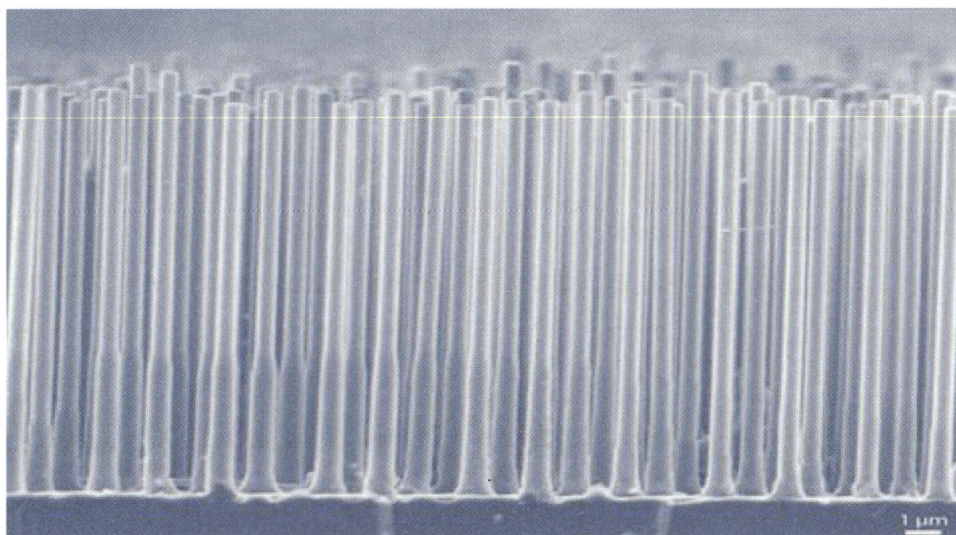

● 三维纳米导线阵列的电子显微镜照片

2014年，我们实验室第一次把整个转化系统集成到一个体系当中。这里面有两种半导体、两类催化剂。一种半导体做水氧化，产生氧气；另一种引入生物催化剂，把二氧化碳变成醋酸。整个全反应就是二氧化碳加上水和太阳能，变成氧气和醋酸。醋酸是非常简单但又非常重要的化学中间体，现有的工业技术可以将其进一步转化成各种各样的化学品，像汽油、高分子材料、药的前驱体等。这是第一次在实验室的模拟材料当中把光合作用的全反应过程体现出来。

2014年，这个系统的能量转化效率与绿叶差不多，大概是0.5%，2019年基本能够做到8%～10%，比自然界的光合作用的效率要高得多，虽然在选择性上面跟自然界不能比。

接下来，我们简单介绍一下整个转化系统。二氧化碳、太阳能和水变成醋酸之后，一种选择是将醋酸变成丁醇。在人工光合作用研究领域当中，丁醇通常被认为是替代汽油的首选。因为丁醇的蒸气压比较小，可以以液体的形式在管道中输送，是适合的能源载体；还可以选择把醋酸变成高分子材料，可以做生物降解塑料；或者把醋酸变成手性分子，这种手性分子是在实验室里合成青蒿素的中间体。中国科学家屠呦呦就是因为发现了青蒿素并证明青蒿素可以在动物体和人体内有效抵抗疟疾而获得了诺贝尔奖。

纵观整个过程，从燃料到高分子材料到药品，它们的化学式里都有碳。这些碳最终都从二氧化碳中来。人工光合作用可以把二氧化碳转化成有用的化学品。

在现有的能源工业、化学工业、制药工业中，化学品中的碳从哪里来？从化石能源中来，都是从地底下挖出来的。长此以往，碳循环的不平衡将会带来一系列生态问题。人工光合作用体系真正能够用太阳能把二氧化碳重新固定下来，把它转化成有用的化学品，从而根本上解决二氧化碳排放问题和循环问题。

美国于2003年启动的"太阳神计划"最初的愿景，就是要找到这样一个合成体系，不但可以把太阳能转化为化学能并高效存储，还能够利用不同的生物催化剂，把二氧化碳转化成燃料、药品和商业化学品，解决全球变暖问题。

移民火星

探索外太空一直是人类的梦想，下面要介绍的话题和火星移民有关。

伊隆·马斯克一直在研发新型火箭推动系统，要把人带到火星上去。这里面有两大问题要解决，一是怎么上去？SpaceX和Blue Origin这两个公司一直在研究如何高效地把人送到火星。另一个则是，人到了外太空以后怎么生存下来？人类需要的能源、化学品、药品、肥料从哪里来？人工光合作用可以解决这个问题吗？

2016年，时任美国总统奥巴马在其任期的最后一年，在白宫召开科学会议，向大众介绍他任内的一些重大科学进展。我有幸被邀请参加这个会议并在会议中介绍了人工光合作用。在这次会议当中，奥巴马宣布美国要在30年内第一次把人送到火星表面上去。2017年，美国国家航空航天局得知我们这个半导体生物体系能够真正实现人工光合作用，于是在加利福尼亚大学伯克利分校成立了空间技术研究所，来解决人类在外太空、深太空所需能源和化学品的问题。

人工光合作用的化学反应在实验室中可行，在外太空会怎样呢？这和环境有关。地球大气中大部分是氮气和氧气，二氧化碳占0.04%。我们现在做的半导体生物体系只能在纯的二氧化碳下才能使用，地球表面二氧化碳的浓度太低了，需要先把大气中的二氧化碳富集之后才能利用。而在火星表面的气体成分中，96%是二氧化碳，还有一点点氮气，以及很少很少的氧气。火星上的光照强度是地球上的60%。可见我们的系统放到火星环境当中，是完全可以工作的，因为火星大气中的96%都是二氧化碳，不需要再把它富集了。

人类要生存，首先需要氧气，火星上大量高浓度的二氧化碳加上水（火星地表下存在大量冰），再加上太阳能，就能够解决氧气问题。其次，还可以把二氧化碳转化成一系列有用的东西。从化学的角度，这个设想应该是可行的。美国国家航空航天局2017年在伯克利成立的这个科研中心就在探索人工光合作用将来在火星表面的应用。

粗略估计下，将来去火星的第一批宇航员为6人或12人。想象我们的系统能做到一立方米（1000升），现在的转化能达到350克醋酸（每天1000升），再转化到丁醇是100克（每天1000升）。我们需要考虑宇航员每天、每月、每年需要多少燃料、化学品和药品，然后进一步把这个系统优化，继续增加产量。利用尽量小的体积来生产尽可能多的燃料、化学品以及药品，这是我们接下来要做的一件非常有希望成功的事情。

除了将二氧化碳和水变成一系列东西，人类生存还需要肥料来种植植物，那就涉及固氮的问题。电影《火星救援》里的男主角在火星上种土豆，他没有现成的肥料，只能利用自己的排泄物。我们希望能够利用太阳能把氮气转化成肥料，这个过程与人工光合作用类似，也是我们接下来要做的事情。

自2003年启动"太阳神计划"以来，从画在图纸上的高比表面积的半导体蓝图，到实验室中集成第一个人工光合作用的体系，再到第一次在实验室里把二氧化碳、水转化成所需要的化学品——这就是十几年来我们一步一步完成的工作。

我们还将继续前行，脚踏实地，迎接未来。

促进未来工业革命的材料和物理学

薛其坤

薛其坤，实验物理学家、中国科学院院士，研究方向包括扫描隧道显微学、表面物理、自旋电子学、拓扑绝缘量子态和低维超导电性等。他带领研究团队，在国际上首次实验实现了"量子反常霍尔效应"，这是世界基础研究领域的一项重要科学发现。他目前任南方科技大学校长。

（以下内容来自薛其坤院士 2017 年在"墨子沙龙"上发表的演讲）

我们正处在信息革命时代。由于互联网的发展、信息技术的进步，现在的生活方式和10年、20年前相比，发生了翻天覆地的变化。我们每一个人可能每天都会关心和思考这样一个问题：这个世界在发生什么样的变化？

作为一个有一定科研经验的物理学工作者，我想把自己对未来将发生的变化的思考和大家分享。针对未来的工业革命，我们一起展开想象的翅膀，想象10年、20年、30年、40年，甚至一个世纪以后有可能会发生什么？如果我们对这个问题有了一定的把握，我们的努力就有了灯塔，一些问题也就有了方向。因此我要谈的主题非常大——"促进未来工业革命的材料和物理学"。

为了更清楚地看清未来，让我们先对之前的3次工业革命做一个回顾，看看工业革命本身带给我们的深刻思考是什么。

人类文明发展面临的最重要的问题，我认为是能源问题。能源极其重要，离开了能源，现代社会就无法正常运行。人类的主要能源大体可以分为以下两类。

- 第一类是大自然提供给我们的能源，即煤、石油、天然气等化石能源。这些能源是有限的，因为自然规律就是这样，除非地球发生剧烈的变化。
- 第二类是人造能源。利用自然界的现象和规律去创造能源，我们叫作"人造能源"或"二次能源"。二十世纪量子力学的发展导致了核能的开发利用。除此之外，还有太阳能、风能、水电能、潮汐能。

第一次和第二次工业革命，实际上都与人类学习利用能源的新方式有关。我们正处在第三次工业革命，信息技术的重要进展是其特征。有人认为量子信息、基因编辑、人工智能等将带来下一次革命。这些都是可能的，但可能还有其他答案。

第一次工业革命

第一次工业革命发生在十八世纪六七十年代，人类开始进入机械化时代。瓦特发明了蒸汽机，蒸汽机的原理就是燃烧煤产生热。在物理学上，热就意味着有热能，把热能转化成机械能，就有了蒸汽机。然后，有了蒸汽机动力的火车，有了蒸汽机动力的小发动机。把燃烧产生的热能转化成机械能，这是第一次工业革命的本质。

131

● 蒸汽火车

第一次工业革命开启了机械化时代。英国是第一个掌握蒸汽机技术的国家，因为率先掌握了利用能源的方式，英国很快就变成了世界强国。机械化时代的到来对经济、思想、政治产生很大影响，人类面对这样的发展重新进行思考，这造就了人类文明新的辉煌和进步。

还要强调一点，能将热能转化成机械能是因为有了铁器。如果没有铁，就不可能有蒸汽机，也就没有使用蒸汽机的火车以及其他发明。

关键的材料就是铁！如果没有钢铁材料的发展，在第一次工业革命时，即使知道热能可以转化成机械能，也做不成这件事。所以，第一次工业革命其实和钢铁材料的发展密切相关。

第二次工业革命

第二次工业革命发生在19世纪中叶，人类进入电气化时代。它建立在第一次工业革命基础上，其本质是把化石能源产生的热能转变成机械能，再变成电能。这次工业革命仍然以化石能源为基础，而且，材料基础仍然是钢铁。如果没有钢铁或者后来的合金，我们就没有好的发电机，造不出强大的航母和飞机。钢铁、合金的发展是第二次工业革命的材料基础。

欧洲、美国、日本掌握了相关技术，成了工业强国，世界政治、经济、文化、军事等都发生了巨大的变化。电气化使人类文明又一次发生了重大的变化。

中国的主要能源是煤

前两次工业革命造就了某些国家的发展。我们中国人生活在960万平方千米的土地上，自然界提供给我们哪些能源呢？我们在未来的发展中是不是应该考虑这个问题？如果自然资源没有了，而我们又没能了解和掌握利用能源的新方式，我们未来的发展将是没有方向的。

目前，我国以煤为主要能源，2015年，我国一次能源消费总量中煤炭占63%。这是我们国家的国情。再看看自然界给中国留下的财富——煤炭可开采量占世界的13%，但石油只占1%～2%，天然气也只占4%左右。

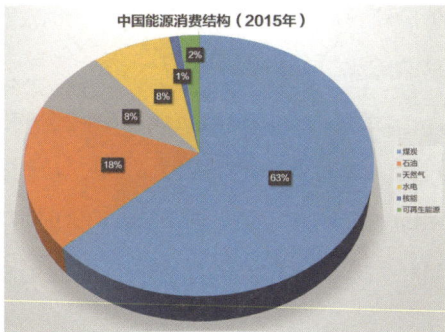

中国能源消费结构

从对这三种自然能源的依存度上看，煤炭我们基本上可以自给自足，但是石油、天然气只能依靠进口——我们每年要花几千亿美元进口石油，来满足车辆和其他工业用途的需求。对能源的依存度，是决定未来可持续发展非常关键的因素。

要优化能源结构，降低煤炭的占比；提升核能、太阳能等非化石能源的比例。科学界与工业界都需要思考同一个问题：如何才能实现能源结构的转变？同时，如何对煤炭进行清洁高效的利用，始终是决定国家发展的关键因素。如果能让煤在燃烧时最大可能地转化成热能而不产生或少产生二氧化碳和一些有毒气体，那就太好了。现在还有相当多的研究人员在这个不时髦的研究方向上努力工作着，因为它关系到国家的重大需求。

材料是能源利用的关键

前两次工业革命的本质是新的能源转化方式的发现和利用。即便今天，很多技术的原理还是第一次工业革命、第二次工业革命时就已经明白了的能源转换，只是对材料的要求越来越高了。如今，材料恰恰是我们的一块短板。

到2050年的时候，世界在科学上可能没有发生深刻变化，但是能源的转化效率却可能发生重要变革。在能源的利用方式以及效率方面，我们还有很长的路要走，这是成为一个强国的基础，而相关核心技术所涉及的材料非常重要。

例如，在太阳能的利用上，太阳能电池材料的研究与开发是关键。太阳每时每刻都在发生着热核反应，产生热量。据统计，太阳每秒照射到地球的能量相当

133

于燃烧500万吨煤产生的能量，地球上每平方米大小的土地每秒要接收到1000焦耳的能量。

当然，我们的化石能源中包含的能量也全来自太阳，但那是一个非常漫长的过程。为了更好地利用太阳能，我们有了太阳能电池，但是现在我们对太阳能利用的效率还非常低。如果有了便宜的、能吸收可见光波段中红光、绿光、蓝光的材料，太阳能电池的效率将会明显增高。

● 利用太阳能

很多科学家在寻找一种便宜、无毒，还能在整个可见光波段工作的半导体材料。我想，这种材料是可能存在的，但还需要我们做深入研究。

"定义未来"的材料会是什么

人类首先经历了石器时代，会使用石器使人类区别于原始的猿人。几千年前，人类的祖先就可以用锡和铅炼出青铜，铸造出各种各样的东西，促进了人类文明的进步，这是青铜时代。后来是铁器时代，铁标志着人类文明的第三个阶段。现在我们处在硅器时代——用硅和半导体材料定义的人类文明阶段。如果找一种材料定义下一个人类文明，这种材料是什么？

　　我认为是超导，超导会定义一个新时代。超导材料是1911年荷兰科学家卡末林·昂内斯发现的，他因此获得了诺贝尔物理学奖。当温度降低时，绝大部分材料电阻会下降，温度低至接近绝对零度的时候，材料的电阻会停在一个有限值上。超导材料在降温刚开始的时候电阻很高，随着温度的降低，到了超导转变点，所有的精密仪器都无法从超导材料上测到电阻了。这就是超级电导，简称超导。超导材料另外一个特性是完全抗磁性。你如果想把超导材料压到磁铁上，是压不进去的。因为具有这些特性，超导有十分诱人的应用前景。

● **超导材料**

　　但是一般情况下，要达到超导状态，需要非常低的温度。超导难，高温超导更难，提高材料的转变温度是高温超导研究的硬道理。刚开始发现的超导体，其转变温度都在−269℃附近。要让材料达到这一温度，需要用液氦把它泡起来——而液氦的价格是100元/升，一天用10升液氦是很正常的消耗，10升是1000元。

　　1986年，两个瑞士科学家发现了超过77K的高温超导材料。但是这又带来了另一个问题：虽然77K以上的高温超导材料使得维持超导器件的运作变得便宜了不少，但是在科学上，大家不理解这么高的温度下是如何产生超导的。从高温超导材料的发现到如今，已经过了30多年，其中的机理还完全不清楚，这是我们物理学的世纪难题。如果理解了其中机理，我们就有可能找到室温超导材料，所以科学家很想弄明白这个问题。

如果室温超导出现了，它的意义不亚于电的发明，甚至很可能导致产业革命。我自己深入思考后的理解是：如果再一次用材料定义人类文明新的时代，下一个材料很可能就是室温超导材料。我认为它的发现可能会导致一次新的工业革命。

我再次强调这不是绝对的，再过几百年，人类发展的历史中肯定会出现一种新材料，它将使我们整个世界再一次发生翻天覆地的变化，它将深刻影响我们的交往方式、学习方式、生活方式。室温超导体是一种可能，当然还有更聪明的年轻人、更聪明的下一代可能会想象出比室温超导还好的材料，可能也会重新定义下一个人类文明。

超导：
一个充满挑战与发现的领域

赵忠贤

赵忠贤，中国科学院院士、中国科学院物理研究所研究员，于 1941 年 1 月出生于辽宁新民，1964 年毕业于中国科学技术大学技术物理系，1974 年被派往英国剑桥大学进修，从事第二类超导体量子磁通线运动研究。1976 年起，他开始探索高临界温度超导体，是我国高温超导研究的奠基人之一。

超导研究对于科学进步及国家发展都有重要意义，寻找高温超导体是科学家长期的梦想。在百余年超导研究史中，高温超导研究出现了两次重大突破，赵忠贤及其合作者在这两次重大突破中都取得了重要成果：独立发现液氮温区高温超导体；发现 50K 以上系列铁基高温超导体并创造 55K 纪录。

赵忠贤曾获 TWAS 物理奖（1987 年）、国家自然科学奖一等奖两次（1989 年、2013 年）、Bernd T.Matlhias 奖（2015 年）及国家最高科学技术奖（2016 年）等奖项。

（以下内容整理自赵忠贤院士 2017 年在"墨子沙龙"上发表的演讲）

过去，超导研究是一个充满发现与挑战的领域，现在仍然是。

超导的历史

超导研究始于1911年。那一年，荷兰物理学家海克·卡末林·昂内斯继1908年实现氦气液化之后，在研究低温下的汞的电阻行为时发现：在温度降低到4.2K时，电阻为零。这一现象在1913年被正式确认，被称作"超导电性"。

当时，物理学正处在从经典物理学向现代物理学，特别是向量子力学过渡的时期。超导电性是第一个被发现的宏观量子现象，从一开始就引起了科学界的极大关注。虽然如此，但大家对它还是一头雾水，其中包括爱因斯坦。爱因斯坦曾经考虑过超导现象的起源问题，但是因为那时实验数据太少，他最后放弃了研究。现在回看，他的这个决定非常明智，因为一直到很久之后，超导研究才有了重要进展。有人开玩笑说，超导来得太早了，物理学界还没有准备好。

1933年，迈斯纳和他的学生发现：一个理想的超导体，它内部的磁感应强度等于零。这个发现非常重要，它是超导体的又一个特质。这个性质（完全抗磁性）可能比零电阻更接近超导体的本质，被称作"迈斯纳效应"。

零电阻和完全抗磁性是超导体的两个主要特征，缺一不可。

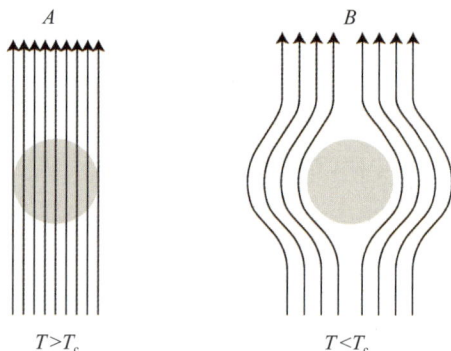

● 迈斯纳效应

1935年，伦敦兄弟提出了以其姓氏命名的方程——伦敦方程，这一方程可以很好地描述超导现象的这两个基本性质，并确定超导是宏观量子现象。再后来大家知道，迈斯纳效应是对称性自发破缺的结果，是安德森-希格斯机制的一种表现形式。

到了二十世纪五十年代，列夫·朗道和维塔利·金兹堡提出金兹堡-朗道方程（G-L方程）。G-L超导唯象理论在相变理论的基础上从物理中引进有序参量，解释并预言了一些超导的物理性质，并由年轻的阿列克谢·阿布里科索夫发展出超导量子磁通点阵理论。这奠定了超导强电应用的基础。

　　1957年，约翰·巴丁、利昂·库珀、罗伯特·施里弗提出了超导电性的微观理论——BCS理论（该理论以Bardeen、Cooper、Schrieffer首字母缩写而命名）。BCS理论成功地解释了传统金属和合金的超导电性。BCS理论是量子场论理论进展的一个里程碑，它不仅清晰地描述了超导的微观物理图像，其概念也被运用于物理学的其他领域，如粒子物理、宇宙学等。当时，罗伯特·施里弗26岁，利昂·库珀也很年轻，仅27岁，只有约翰·巴丁是50岁左右。这是成名科学家和年轻科学家合作的典范，这对我们也很有借鉴意义，更多的年轻人需要在合作中成长起来。

　　1960年和1962年，两个年轻人伊瓦尔·贾埃弗和布莱恩·约瑟夫森分别发现了单电子隧穿效应和超导隧穿效应，这对于超导问题的研究非常重要。单电子隧穿效应和隧穿谱的实验结果展现出与BCS理论的高度一致性，而超导隧穿效应（即约瑟夫森效应）则充分展现了宏观量子特性，并且成为许多超导电子学应用的物理基础。

　　1986年，瑞士的贝德诺尔茨和米勒发表了一篇文章，提出在一种氧化物系统里可能存在临界温度35K以上的超导现象。后经多国科学家的努力，超导临界温度很快被提高到90K。高温超导电性不仅对BCS理论提出挑战（超过BCS理论可以解释的最高临界温度），也推动了对多体理论（包括高温超导理论）的研究。

　　2008年，日本细野秀雄小组首先报道了在LaFeAsO体系（一种铁基材料）中发现了温度26K下的超导现象。大家之前都认为，铁对超导是不利的，这种晶体结构体系我国之前也开展过研究，但由于思想不够开放，我们合成新材料时用铜而不敢用铁。这则报道刚一出来就引起了中国科学家的重视，认为铁基超导是一个重大的突破。很快，中国科学家就把超导临界温度提高到43K、52K、55K，而且发现了一些新的铁基超导体。当时，美国《科学》杂志有一篇评论，标题叫《"新超导体的发现"把中国科学家推向最前沿》。

　　铁基超导体是对传统BCS理论的又一次挑战，这种材料中不仅蕴藏着丰富的物理现象，而且有新的应用价值。

超导的应用

　　超导体实际已经在为人类服务，如医用的MRI核磁成像设备的磁体，信息技术等现代科技领域中的重要基础之一的电压基准，都是超导的。

1962年，商业超导NbTi线、超导磁体的出现及约瑟夫森预言并很快被证实的超导隧道效应，标志着超导进入应用时代。

超导的应用基本体现在两方面：弱电应用和强电应用。在我们的日常生活及一些科学实验、工程探测中，经常需要对微弱的电磁信号进行测量，超导技术能够帮助我们灵敏地检测到这些微弱的信号，比如测量地磁场的分布和变化、人脑活动时脑磁场的变化等。而强电应用主要体现在电力工业、大型科学仪器中的超强磁体等方面。

现今，超导技术应用涉及的领域有很多，例如信息技术、生物医学、科学仪器、电力、交通运输等领域，可以概括为能源、信息和健康3个方面。下面，我简单列举几个应用实例。

弱电应用

电压基准

现在的电器种类繁多，不同厂家生产的电器要想通用，必须要有标准电压。以前，电压基准是依靠化学电池，但现在全世界采纳的电压基准已改为依靠利用超导约瑟夫森效应制作而成的器件。交流约瑟夫森效应确立了电压与频率呈线性关系，系数只与普朗克常数和电子电荷有关。其精度由频率测量来确定，因此具有极高的精度。由于具有与材料性质无关、与环境条件（如温度、磁场）无关、高精度等优点，国际上已经用约瑟夫森超导隧道结电压基准取代了化学电池电压基准。超导实际上与人的日常生活已经息息相关。

超导量子干涉器件（SQUID）及其相关应用

SQUID是一种能测量微弱磁信号的、极其灵敏的器件，其原理是基于磁通量子化和约瑟夫森效应。超导现象是一种宏观量子现象，磁通量子化和约瑟夫森效应是这种宏观量子特性的典型体现，利用其制作的器件，其分辨率原则上只受量子力学不确定性原理的限制，也就是说没有比它灵敏度再高的器件了。基于SQUID器件的仪器具有广泛的应用，在磁信号探测方面，能够检测出相当于地球磁场近1000亿分之一的变化，可以应用于生物磁测量、大地磁测量、磁成像以及其他精密电磁测量等。

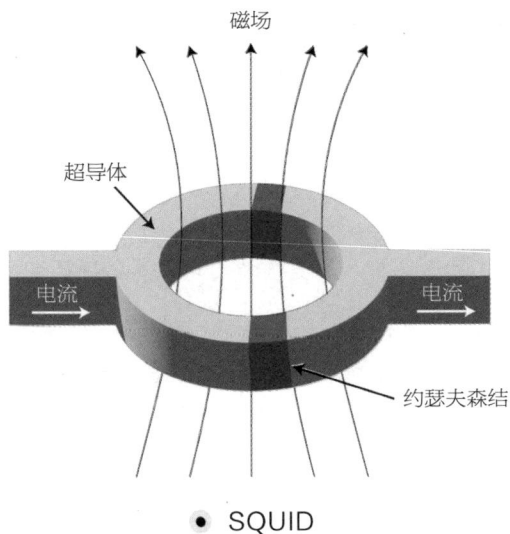

● SQUID

　　SQUID 心磁图。直接观察静态下的心磁图，有助于医生了解患者心脏功能的情况。SQUID 心磁图具有无创、无接触、快速、方便等优势，可能探测到一些心电图不能探测的症状，可能比心电图在更早期阶段探测到心脏变化的初期症状。

　　SQUID 脑磁图。脑磁图也是超导的重要应用，比如一个人在思考问题，大脑的活动就可以体现在脑磁图的变化中。另外，人脑听到声音以后，脑磁图也会发生变化。脑磁信号非常微弱，因此有关脑磁图的研究中，SQUID 必不可少！目前，随着人们对脑科学的重视，国内正逐渐开展起脑磁图的研究。脑磁图的应用包括：无创的脑功能检查，中风、癫痫病灶等病因的确定；脑功能区（视觉、听觉、运动、体感、语言认知等）的定位，等等。

　　大地测量和地磁测量。超导量子干涉器件可以测量从直流到高频的信号，所以在 100 米尺度范围内激发一个强的电磁波以后，通过测量不同频率的电阻，就可以反映出大地不同深度的电阻。频率越低，反映出的深度越低。正是因为超导器件有测量低频的能力，所以它可以测量大地极深处的电阻。最后通过把不同深度的电阻画出来，我们就能知道大地内部的结构。这个结构对于矿藏探寻非常重要，尤其对油气资源的确定有着重要意义。

地磁测量实际上是研究地磁场是否存在反常。比如我们想判断一些矿场的成矿情况，我们只需要在飞机上放一个超导量子干涉测量仪，然后在一定范围内进行扫描，在扫描的过程中，我们就可以初步得到我们想要的信息，而这种信息对于地质工作者非常重要。

超导微波器件

高温超导薄膜表面电阻小，即使在移动通信的高频频率范围内，高温超导材料的微波表面电阻仅为正常金属的千分之一。基于这一性质，超导滤波器可以把普通滤波器无能为力的一些杂散信号滤掉。高温超导滤波器具有许多突出优点，例如：很小的插入损耗，很高的带外抑制，结构简单、体积小、重量轻。

在民用方面，北美的一些移动通信基站已经使用了超导滤波器，但是成本比较高。除北美使用的几千台之外，其他地方用的不多。我国也做过相关探索，北京的基站实验显示，在使用了超导滤波器后，基站的性能确实得到了很大提高，但因为成本等因素没有得到推广。对于提高卫星、雷达等系统的灵敏度、选择性和抗干扰能力，超导滤波器以及相关的超导微波器件已经展现出重要价值。

超导电磁辐射和粒子探测器

超导是大量电子对凝聚形成的一种状态，超导转变非常陡峭，因此做成的电磁波探测器具有极高的灵敏度，而且覆盖的波长范围非常宽广，广泛用于天文望远镜中，检测外太空的各种微弱信号。近十年来，科学家开始了在量子保密通信、激光雷达测距、高灵敏和高分辨的谱仪等方面的应用研究。

超导量子计算

基于约瑟夫森结的超导电路在量子计算研究中具有独特优势，容易扩展，发展非常迅速，大型科技公司现在纷纷投入相关研发。谷歌团队首先利用超导量子比特系统展示了"量子优势"，IBM公司的超导量子云平台已经吸引大量研究人员进行各种实验。我国在这方面的研究也进步得非常快，形成了高校、科研院所、大型科技企业和小型初创企业多方合作竞争的局面。

近年来，中国在超导单光子探测器及超导数字电路方面取得了重要进步。

强电应用

在强电应用方面，超导也是极具优势的。利用超导线绕制的超导磁体可以产生很强的稳恒磁场，在许多方面有不可替代的应用。

核磁共振成像

核磁共振成像现在是医学检查中一个非常重要的手段，它是确定分子结构和组织成像的有效手段之一。医院常用的3T（特斯拉，磁感应强度单位）或者1.5T的核磁共振成像，所用到的磁体都是超导的。超导磁体不但磁场强度高，而且磁场非常稳定，这保证了成像的清晰度。超导磁共振成像是超导最主要的商业应用之一。近些年来，人们又开始研究更高磁场的核磁共振成像系统，以获得更高的分辨率和更好地对微量元素成像。目前已有7T的产品出现，更高磁场的9.4T系统已经建成、11.75T的系统即将建成。核磁共振成像现在可以实现对大脑中血管的三维成像。使用高温超导射频探测线圈与使用铜质射频探测线圈相比，在低场情况下显示出的成像效果更清晰。

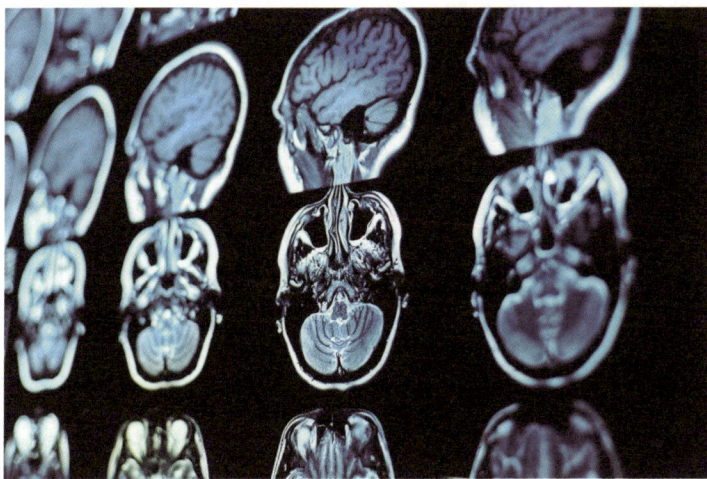

● 核磁共振成像

磁约束受控核聚变

在能源方面，很多人都听说过"人造小太阳"，它是中国核聚变研究方面的一个实验装置。利用核聚变释放的巨大能量，未来有望解决困扰人类的能源危机。而超导材料是磁约束受控核聚变中不可替代的、制备强磁体的材料。

高能粒子加速器

2012年，欧洲核子研究组织宣布，利用LHC，科学家发现了解释质量起源的希格斯玻色子。LHC采用超导磁体，由于它的磁场很强，因此能够获得更高的能量，发现新的粒子。国内科学家也正在讨论建造更高能量的加速器，准备采用新型的铁基或高温超导带材，以获得更高的磁场。此外，加速器系统的探测器和微波谐振加速腔，也都用超导材料。最近在质子、离子束治癌设备的加速器上，在处理核废料的大型重离子加速器等方面，超导正在成为新的重要应用方向。国内的有关研究也正在积极进行中。

交通运输

交通方面，超导材料是新一代的舰船推动系统的基础，利用超导材料的下一代舰船推动系统，可以做得体积更小、重量更轻、推进力更强。另外，超导磁悬浮车，在速度、能耗、低噪声等方面也很有优势。

基于超导强磁体的电磁感应加热

对于需要热加工成型的金属（合金）材料，如铝锭，利用铝锭在超导强磁场中旋转而产生涡流，从而实现电磁感应加热，这种方法具有能效高、加热均匀性好等优点。相比传统的中频电磁感应加热，其电热转换效率可以提高30%，这是非常可观的。目前，国内已经研制出基于高温超导磁体的样机。

以上仅仅列举了超导技术的几个代表性应用。当然，超导技术还有很多其他的应用，比如：超导电缆、超导电机、超导磁体污水处理系统、超电磁体矿物分离系统等。上述这些方面国内都有重要进展，有的已经成为产品，如超导磁体污水处理系统。

未来展望

目前在超导领域，人们对高温超导机理的理解还不够。另外，仍然不断有新现象涌现，而对于很多新发现，利用现在的物理理论难以得到令人满意的解释。

探索更适于应用或更高临界温度的超导材料也是人们面临的挑战。同时，即便基于现在人们对于超导的理解和掌握的超导技术，超导技术的很多应用前景也还没有得到很好的挖掘。

对高温超导体（包括铜氧化合物超导体及铁基超导体等）机理的认识将会极大地促进凝聚态物理学的发展，因为它是强关联的电子体系。虽然铁基超导体关联没那么强，但是以铜基超导体为例的话，现在研究了30多年，大家竟然没有得到共识。某种意义上说，高温超导机理的解决可能会与强关联多体量子论同时出现，这将对量子力学的发展、新物理学的发现，以及对应用的推动，都将起到非常巨大的作用。铁基超导性的机理也不能用传统的BCS理论解释。菲利普·安德森说过，如果铁基超导的机理与铜氧化合物的不同，那就更有意义了。究竟哪些实验结果是本征的，哪些是决定性的，都需要进一步的研究。理论也需要在决定性的实验的基础上进一步发展。

探索新的高临界温度超导体似乎是个永恒的课题。对于高温超导体家族的特性研究可以让我们归纳出一些规律，这有助于我们寻找新的非常规超导体。另外我们要努力探索更适于应用的超导体，包括实用超导材料的新工艺。铁基超导体的发现是个极大的推动，不仅使科学家发现了第二个高温超导的家族，而且对人类而言还是一次思想的解放。从应用角度考虑，虽然它的临界温度还低于铜氧化合物，但相干长度稍大些。超高的临界磁场及相对容易加工的特点使其在超强磁体方面有很好的应用前景。另外，在现在的铁基系列内还有很多发现机会，甚至铜基里面也仍有很多机会，比如可以在铜氧化物中挖掘更适合在110K以下应用的超导体。这种超导体用处会很大，因为液态天然气的温度容易降至110K以下，这使得超导的应用成本更低、应用场景更广，而且还有可能在使用超导输电的同时输送液化天然气；在太空中，背着太阳一面的地方温度在110K以下，空间应用也有潜力。

我们还要扩展现有的包括低温超导体在内的应用。基于超导强磁体的电磁感应加热应该得到重视，电热转换效率可以提高30%，这是一个飞跃。超导电子学有极大的潜力应用，例如可以开展超导数字电路研究。现在超导数字电路和半导体技术在很多工艺上是兼容的，如果两者结合起来，在解决耗能方面将会有很大的作用。超导数字电路还具有速度快、脉冲信号传输无色散等优点。另外，具有宏观量子特征的超导体可用于量子计算，至少在量子计算的目前发展阶段，超导体应该是非常有优势的。

超导是一个充满挑战与发现的领域。自1911年发现超导现象到现在，已经有100多年了。尽管人类已经有了很多重要发现，但实际上超导研究还很年轻。Forever Young！（永远年轻！）

制造机器人大脑

陈云霁

陈云霁，中国科学院计算技术研究所研究员，1983 年出生于江西南昌，2002 年本科毕业于中国科学技术大学少年班，2007 年在中国科学院计算技术研究所获得博士学位。目前，他担任中国科学院计算技术研究所副所长。

他带领研究组长期开展深度学习处理器研究，研制出国际上首个深度学习专用处理器芯片。曾获国家杰出青年科学基金、中国青年科技奖、全国创新争先奖、中国青年五四奖章、科学探索奖等荣誉。

（以下内容整理自陈云霁 2017 年在"墨子沙龙"上发表的演讲）

　　如何借鉴人类的大脑，制造出一个机器的大脑？这个问题可以说是计算机科学皇冠上的明珠，也是所有计算机科学家都非常关注的问题。何出此言？因为人类日常的所作所为，都属于智能范畴，包括感知——如眼看、耳听和触摸等，也包括认知——如学习、记忆、语言、思维、解决问题等。正是智能将人与万物区分开来。

　　如果有一天我们能制造出一个具备通用智能的机器大脑，那就意味着机器可以帮助我们解决日常生活中各种各样的问题。我自己在日常生活中也遇到过一些比较头疼的问题，如扫地、洗碗、抹桌子及更令人头疼的带孩子等。2017 年年初，我家迎来了一对双胞胎，这让我深刻地感受到带孩子的不易。更辛苦的是我夫人，被孩子折磨得昏天黑地、日夜不分。这使得我的科研积极性得到了进一步的提高：如果我们多努力一点，尽早把这种有智能的机器做出来，那么就能帮我们普通人解决带孩子的部分难题。

● 人工智能与人类生活

　　从更长远的角度来看，我认为机器大脑的出现可能会使整个人类社会发生巨大的改变。在中国科学技术大学西区图书馆挂有一句格言："从必然王国走向自由王国。"我对这句话印象很深，因为一旦机器大脑能够被构建出来，具备与人类相似的智能，那么每个人就不再需要仅仅为了自己的生存和生活而去工作，烦琐的体力性劳动或简单的脑力性劳动都可以由机器来完成。我们每个人都可以把更多的精力聚焦在科学、艺术这些需要复杂创造力的事情上，进而使科学、社会，以及我们人类本身，得到巨大的进步和发展，迈上一个新的台阶。我相信这个进步甚至会比从猿到人的进化更重要。

　　当然以上都是我们的未来愿景，而现在我们能够参考的主要还是人的大脑。人的大脑里面有上千亿个神经元细胞，这是我们人脑存在智能的物理基础。神经元细胞通过突触相互联结，有百万亿个甚至更多的突触。

　　有的科学家开始思考，人的神经元通过组成这样的网络架构实现了大脑的功能，进而拥有了智能，那么机器能不能模仿这样的结构？

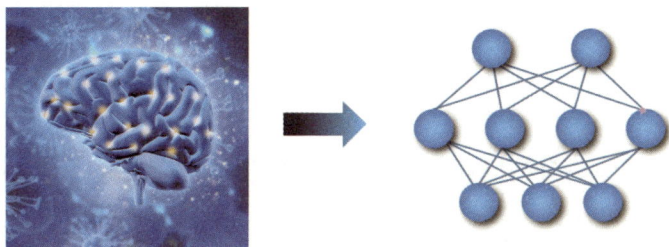

● 大脑与网络架构

1943年，麦卡洛克和皮茨这两位科学家——那个时候计算机尚未出现，因而他们并不被认为是计算机科学家，而是数理逻辑学家或者心理学家——提出，可以对人的大脑进行数字化的抽象，将神经元、突触抽象成数字，这样由数字组成的网络就在某种意义上继承了人脑进行智能处理的能力。

最简单的人工神经网络，只有一个人工神经元。人工神经元和生物神经元之间的区别就像米老鼠与老鼠的区别。但在某些基本特征上，人工神经元继承了生物神经元的特点，例如它可以从外界接受输入。假设其接受 X_1 到 X_N 共 N 个输入，每个输入有不同的权重，分别是 W_1 到 W_N。当一个人工神经元把这些输入信息进行汇总之后，依照特定函数（如非线性激活函数）进行转换，通过突触传递到下一个神经元，这就是人工神经网络工作的机理。

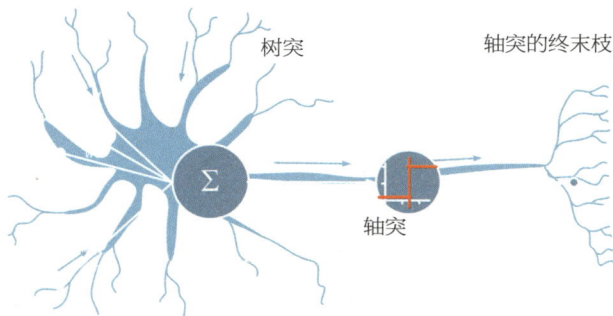

树突　　　　　　　　　轴突的终末枝

Σ

轴突

● 最简单的人工神经网络

有人可能会质疑，这么简单的一个模型是否有用？答案是肯定的。只有一个神经元的人工神经网络可以解决一些最简单的分类问题，例如区分(-1,1)和(1,-1)的输入。

分类是人工智能研究中的一个核心问题，如区分一个人是男人还是女人。如果能利用人工智能解决分类问题，那么在很多其他场合人工智能也会有用武之地。

上述的系统仅包含一个神经元，而多个神经元组成的网络能够实现更复杂的功能。现在很流行的深度学习，就是这种多层大规模的人工神经网络。

2006年，欣顿、本希奥、勒昆3位科学家进行了有划时代意义的工作，他们解决了深度学习中所用到的多层大规模神经网络训练的问题。这使得深度人工神经网络能够解决许多实际的问题。这些深度人工神经网络，最开始的设计思路是借鉴人类的大脑视皮层。视皮层一般是6层神经元的结构，因而人工智能算法在设计之初也是5～6层，但现在已经出现了几百层、上千层的神经网络，功能也更强大。

现在的深度学习神经网络已经可以做很多有意思的事情，比如人脸识别。在人脸识别数据库（LFW）基准测试集上，深度学习已经可以达到99%以上的准确度，而成年人类的识别准确度只能达到97%，这意味着在特定的边界条件和光照条件下，机器识别人脸可以比人类识别人脸更加准确。这项工作最早由中国科学技术大学校友汤晓鸥完成。

此外还有语音识别领域。我们用到的语音输入法、苹果的Siri等，其背后都有语音识别技术的支持。很多时候机器的语音识别可以做得比人要精确。

另举一个大家耳熟能详的例子——AlphaGo，它能够战胜围棋世界冠军。但是对我们人工智能研究者来说，早在AlphaGo扬名立万之前，我们就已经在关注它和它背后的公司DeepMind了。

2014年，DeepMind被谷歌重金收购。因为当时它基于深度学习提出了一个更加强大的框架，即深度学习加增强学习。AlphaGo就是DeepMind把这套框架用到围棋的产物，但AlphaGo战胜人类围棋冠军是意料之外的事。后来，DeepMind又把这套技术用在"星际争霸"上。这是一款非常复杂的军事游戏，有多兵种协同、科技树攀爬、经济运营等很多现代军事上的基本要素。通过对深度学习和人工神经网络技术的利用，人工智能在"星际争霸"这样的游戏中打败人类选手，这意味着机器有可能在军事参谋上发挥非常重要的作用。

深度学习道路上的先行者已经做出了许多实际的工作，使得人工智能可以在很多领域做得接近甚至超越人类。但这样的技术已经完美了吗？不，这些技术离实用化还有很大的距离。

第一个例子是谷歌大脑。这是谷歌在2012年做的工作，当时用了1.6万个CPU核心，运行了接近一个星期，只为了教会机器识别猫脸。这么一件小朋友只需看几眼就能学会的事情，机器却要用1.6万个CPU核心训练数天。这在一方面说明现在训练算法还不够成熟，另一方面也说明现在的芯片处理人工智能的速度极其有限。

第二个例子是AlphaGo。AlphaGo第一次与李世石下棋时用了1000个CPU和200多个GPU，下棋时每盘棋的电费接近3000美元。所以有人说，这是不公平的比赛，AlphaGo的功耗可能是几千瓦，而李世石每天吃2～3碗饭，功耗不过20瓦左右。这虽然是个笑话，但某种意义上确实说明，现在的芯片在处理人工智能算法上的功耗过高。

实际上，AlphaGo、谷歌大脑等人工神经网络的规模不到人类大脑的千分之一，把这样的工作扩大1000倍，神经元突触的数量才可能与人脑相近。可以想象，如此规模的人工神经网络所需的电量，恐怕要一个水电站才能满足，这样核算下来，每年的电费都要上亿人民币。因此，即使人工智能算法已经发展到当前程度，机器大脑离人类大脑也尚有很远的距离，普通人也还很难从中受益。唯物论告诉我们，所有事物都要有一个物质载体，如果物质载体没有成熟，机器大脑的芯片没有造出来，那么人工智能很难和人媲美。

我们可以从别的领域得到一些借鉴和启示，比如图形处理领域。二十世纪九十年代，显卡尚未出现，个人电脑中CPU承担了所有的运算。但随着人们对图形处理需求逐渐提高，比如打游戏、视频剪辑都要求画面处理的超高算力，GPU这样一类专门的芯片就诞生了。

信号处理领域与之类似。手机中信号的调制解调，开始都由CPU承担。但是随着手机信号处理的重要性和复杂度的提升，就出现了DSP这样的专门芯片。随着智能时代的到来，人工智能的重要性也会提升，而现在的芯片、机器难以处

151

理人工智能的应用，所以就会出现一类专门用于人工智能的芯片，或者叫深度学习处理器。

我和弟弟合作研制了国际上第一个深度学习处理器。我弟弟做人工智能算法研究，我做芯片研究，我们之间的学术交流促使我们产生互相合作的想法，因而我们较早地开展了研制人工智能芯片的工作。

在为我们和法国国家信息与自动化研究所的特曼教授合作做的第一个深度学习处理器的架构起名字的时候，一开始我们想给它起一个英文名字，比如 machine brain（机器大脑）或者 electric brain（电子大脑）之类，但特曼教授提议起一个中文名字，业界会对此感到新鲜，所以最后决定叫作 DianNao，一个汉语拼音的名字。这样的处理器可以用十分之一的面积和功耗，达到 CPU 百倍以上的性能。

1 千兆赫兹，0.485 瓦 @65 纳米，
通用 CPU 十分之一的面积，100 倍的性能

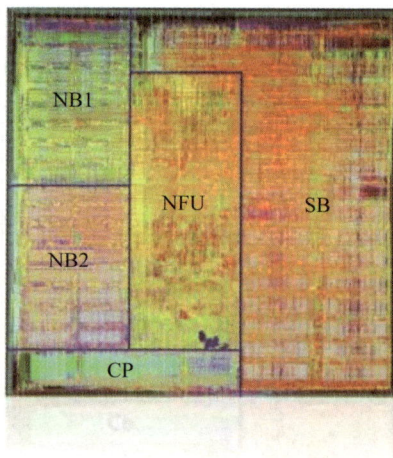

● 深度学习处理器 DianNao

我们在 2013 年、2014 年左右完成这个工作，获得了极其广泛的关注。更有意思的是，大家对 DianNao 这个名字也展示了不小的兴趣。在《美国计算机学会通讯》上，有一位加利福尼亚大学伯克利分校的教授还写了一篇文章，专门给大家介绍这个汉语拼音的意思。

　　而研制工作中最主要的科学问题，则是我们怎么用有限规模的硬件，去支持任意规模的算法。人的大脑里面有千亿个神经元、百万亿个突触，而且可以随所需功能进行扩张，甚至达到一亿亿个突触。但是芯片的规模有物理上的限制，指甲盖大小的芯片无法满足其上晶体管的数目的无限扩张。因此，过去没有人做出能够快速处理深度学习大规模算法的芯片。

　　面对这个问题，我们有一个非常简单的思路，即"时分复用"的思想。我们将一个大的人工神经元网络切成很多小块，一个时刻用硬件去处理其中一个小块，下一个时刻再换一个小块处理。这样的方式，类似于蚂蚁搬大米，蚂蚁一次搬一粒大米，最后一定能搬完一整堆大米。

　　最后，我想说一下我们团队未来的梦想。我们最大的梦想是，能够让所有人工智能的算法，处理速度提高1万倍，所花的能量降低至万分之一。为什么是1万倍？以谷歌大脑的1.6万个CPU举例，如果能够做到1万倍的提升，就意味着我们可以把谷歌大脑或者AlphaGo这样强大的人工智能放到手机里。这样，手机不但可以本地实时理解、感受这个世界，也能帮助我们去做各种各样的事情：它能够理解我们说的话和我们拍摄的视频，还具备本地实时训练和学习的能力。它能不间断地观察人与社会，从人的行为中学习处事能力，逐渐增加对外界的反应。通过长期的不断观察和学习，我相信它最终会拥有多种人类的智能。

153

Part 05

第五部分

生命科学的意义

细胞凋亡的意义

王晓东

> 王晓东，美国科学院院士、北京生命科学研究所所长，1963 年出生，1984 年在北京师范大学获得生物学学士学位，1991 年在得克萨斯大学西南医学中心获得生物化学博士学位。
>
> 王晓东在阐明细胞死亡的分子机理方面做出了重要贡献。通过探究细胞死亡之谜，王晓东希望能理解癌症、自身免疫疾病、心血管疾病及神经退行性疾病等主要疾病的发病机理，设计出相应的治疗策略，从而造福人类。
>
> （以下内容整理、节选自王晓东 2018 年在"墨子沙龙"上发表的演讲）

> 生如夏花之绚烂，死如秋叶之静美。
>
> ——泰戈尔

泰戈尔的这句诗是我读过的对死亡最美好的描述。原诗中的"Apoptosis"（凋亡）一词来源于希腊文，指秋天的树叶落在了地上。它有两层意思：死亡是一个自然的过程，它是自然界中整个生命系统的一个很重要的过程；死亡属于生命过程，是生命的一部分。

人体由很多细胞组成。如果说我们的生命是一座"大厦"，那么细胞就是组成"大厦"的"砖头"。这座"大厦"最初来源于精子和卵子结合而成的受精卵，受精卵不断分裂，一个变成两个，两个变成四个……最后达到百亿个、千亿个的数量。另外，细胞在分裂过程中会产生分化，即从原来的一种形状变成很多种形状。很多的形状累积，就变成了人的样子。大厦是不动的，而人类站着不动时也还在进行各种各样的活动，肌肉细胞、骨骼细胞、神经细胞都在不停地工作，这就组成了生命活动。

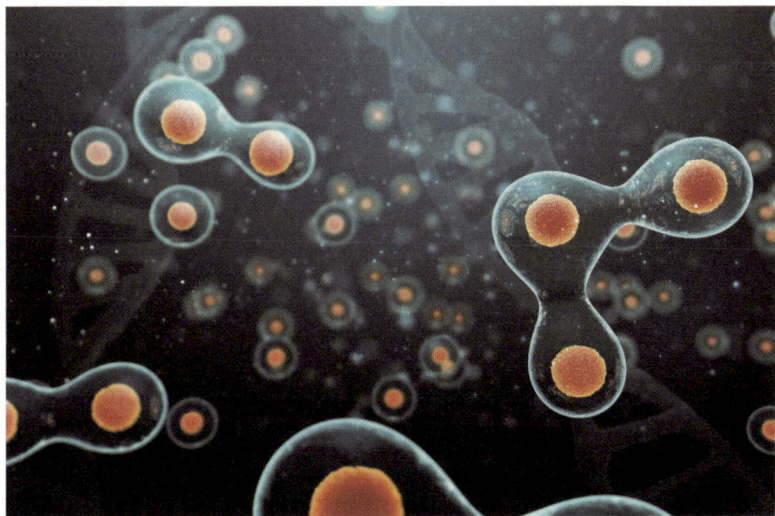

● 细胞分裂

细胞凋亡，一种重要的生命过程

组成人体的各种各样的细胞并非一成不变，在我们身体里，每天都有10亿个以上的细胞凋亡。每个细胞的凋亡都是一个有序的过程。这种"有序"是否预示这些死亡存在意义？事实的确如此，细胞的凋亡在生命过程中有着非常重要的意义。下面我们举几个例子说明。

例1

小鼠爪子的五个指头在刚刚发育的时候，指头之间都有蹼连接。当小鼠发育到某个阶段，这些蹼会消失，原因就是这些细胞凋亡了。其实人也是这样，胎儿在妈妈肚子里的时候，手和脚也是有蹼连着的，我们能够成为现在的样子，离不开细胞凋亡的塑造作用。

例2

皮肤晒伤脱皮也是凋亡的一种表现。如果紫外线造成的细胞损伤积累起来，会变成癌细胞，皮肤癌就是这么来的。而脱皮就是主动去掉受损细胞，细胞凋亡意味着可以通过牺牲个体，从而达到保护整体的作用。

例3

虽然我们长大成人后身高不再增长，器官的大小也基本定型，但从细胞的层面看，很多器官仍在不断再生更新。比如肝脏里仍有一些细胞在不断分裂产生新的细胞，同时旧的细胞被消除，给新细胞腾出位置。这也是一个凋亡的例子。

例4

最后举一个发生在身体免疫系统里面的例子。小朋友生病发烧了，医院检查的结果显示白细胞很高，这说明他受到感染。所谓感染，就是身体被外来的病菌侵蚀了，免疫系统的白细胞就像警察，为了和这些外来敌人斗争，白细胞的数量一下子会增加很多。随着敌人被消灭，发烧退去，白细胞的数量也降下来了。那么白细胞去哪儿了？它自己凋亡了。如果白细胞不能自己凋亡，有时候就会变成白血病，这是一种很严重的疾病。

由此可见，细胞的凋亡对于维持正常的生命过程非常重要。但大家也要记住，这里讲的死亡，是在细胞水平的。人体的细胞数以千亿、万亿计，而人的生命只有一次。生命是宝贵的。

细胞凋亡与疾病

细胞凋亡作为重要的生命活动，都是好事吗？任何事情都有其两面性。这些细胞死亡的程序，就像在细胞里预置了自杀炸弹一样，如果程序在不该启动的时候启动了，怎么办？

下页图呈现的是人的大脑和大脑切片，左边是正常人的，右边是晚期阿尔茨海默病患者的。晚期阿尔茨海默病患者的大脑有很多空洞，这是因为组成大脑的很多神经细胞、神经元都死掉了。它们死亡的原因目前还没有确切的说法，可能与受到某些刺激有关。如果我们知道患者大脑神经细胞死亡的原因，就可以进行人为干预，从而控制病情。

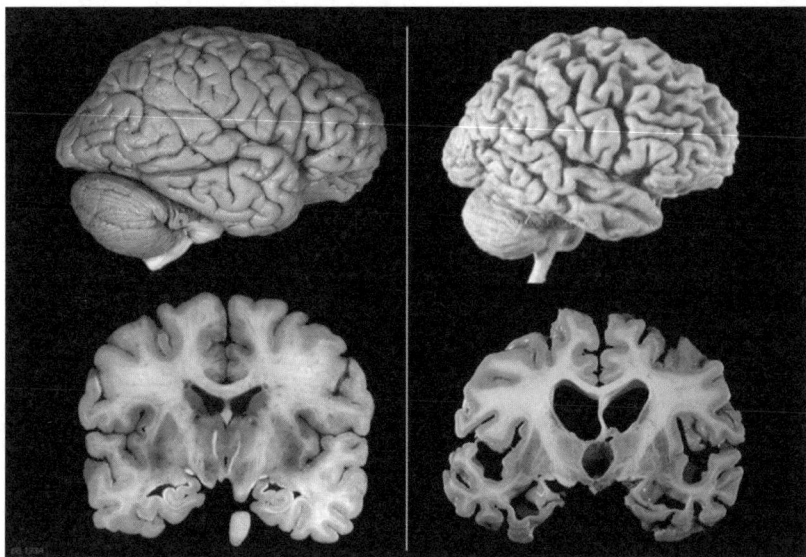

● 健康大脑（左图）和晚期阿尔茨海默病患者大脑（右图）的对比

目前，渐冻症还无法治愈。著名物理学家霍金就是渐冻症患者，他从二十几岁开始逐步丧失运动功能，到最后说话只能靠动眼皮控制计算机来合成声音。这种病是非常残酷的，病情进展到最后，运动神经都没用了。我们知道，运动由肌肉活动控制，肌肉活动受神经元控制。如果说肌肉是一台机器，那么神经元就是机器的电路。可是为什么这类神经元会失去作用呢？我们现在还不知道答案。

有研究表明，中风是目前中国人死亡的"第一杀手"。核磁共振成像表明，在中风患者大脑的一些区域，神经元萎缩了。中风的直接原因是给脑部供血的血管发生了堵塞，进而导致神经元因给养被掐断而萎缩。

如果了解了细胞凋亡的原因，我们也许可以找到一些办法来治疗这些疾病。

细胞凋亡理论的建立

前面我们提到，"Apoptosis"（凋亡）一词来源于希腊文，可见这个概念在人类的知识库里存在很久了。但具体提出"细胞凋亡"的概念，要追溯到1972年的一篇文章。在那篇文章中，克尔、怀利和柯里首次提出了"细胞凋亡"的概念。他们记录了白细胞凋亡过程中形态的变化。一个正常的白细胞，圆圆的，像一个西瓜。白细胞开始凋亡，会变得像一串葡萄。这几位科学家创造性地提出：既然这些细胞死亡过程中形态的变化都是相似的，那么该过程应该受程序控制；这样的话，每一个活的细胞里面，可能都有一个死亡的程序。

Br. J. Cancer (1972) **26, 239**

APOPTOSIS: A BASIC BIOLOGICAL PHENOMENON WITH WIDE-RANGING IMPLICATIONS IN TISSUE KINETICS

J. F. R. KERR*, A. H. WYLLIE AND A. R. CURRIE†

From the Department of Pathology, University of Aberdeen

Received for publication April 1972

● 《凋亡——一种对组织动力学有广泛影响的基本生物现象》论文首页截图

在当时，这个想法太超前了。从1972年到1992年的20年间，这篇文章只被引用了20多次。如果你的科研成果比别人领先8个月到2年之间，文章可以发表。但是假如你的工作比别人领先了10年，反而不容易发表，因为大家需要时间来理解它。细胞凋亡这种理论概念在那个时候就很难被人理解。另一个问题是，它只是描述性的理论。同样一件事情，不同的人看见了，描述可以是完全不同的。

幸运的是，在遗传学发展的推动下，细胞凋亡的研究取得了革命性的突破。那么，遗传学是怎么开展研究工作的呢？有一种几毫米长的透明线虫，在显微镜下，我们可以看到它体内的每个细胞，并且能够数出来，总共只有1000个左右。这种虫子虽小，但是五脏俱全，消化系统、生殖系统都有，而且这种线虫生殖系统很"高级"，雌雄同体，万事不求人。

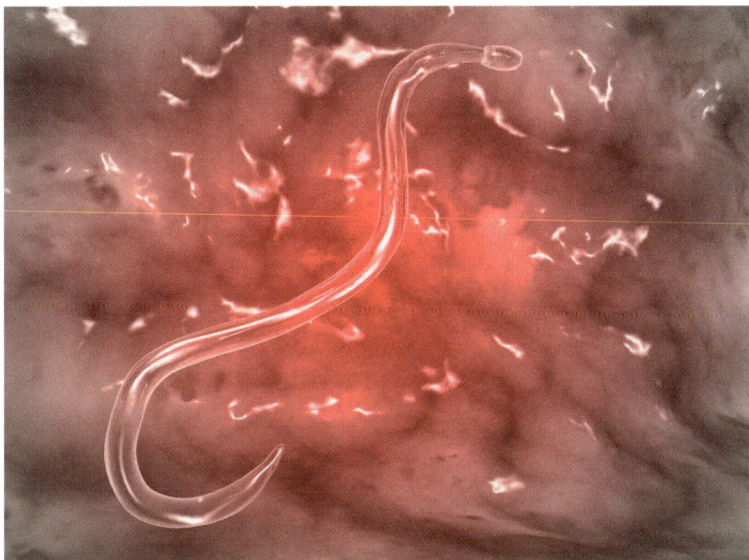

● 线虫

　　萨尔斯顿等几位科学家在英国剑桥大学研究线虫，数这种虫子的细胞。从受精卵开始，细胞在发育的过程中，一变二,二变四,四变八,八变十六……每个细胞的分裂都被画出来，就像家谱一样。好在这种虫子的发育很简单，从受精卵开始，每个细胞在什么时候出现、出现在哪里，都是固定的。

　　曾经有一个关于萨尔斯顿为什么要进行这项研究的坊间传闻。二十世纪六十年代末、七十年代初，萨尔斯顿相信"世界上的事物都是可以一分为二的"。他想用科学的方法证明，在线虫的发育过程中，"一分为二"是成立的。他观察发现，有的细胞分化到一定的程度，一个变成了两个后，却只存活了一个，另一个分化出来以后就死了，所以虽然是一分为二，但是最后只剩下一个。

　　一个细胞死亡，按说是件很寻常的事情。但他注意到这个细胞生和死的时间是固定的，在什么位置上死也是固定的。这就好像是，这个细胞生下来就是为了死，它活不到成体。这就给科学家们提供了一个遗传学研究的平台，可以用来筛选基因突变的虫子，看基因突变会有什么后果。比如，本该死亡的细胞，有了基因突变就不死了，那么这些基因可能就是控制死亡的基因。由此可知，这些细胞的凋亡——程序性死亡——是由基因控制的，继而把这个基因选出来。激活这个基因，细胞就主动死掉；让这个基因失活，细胞该死的时候就不会死。通过对这种线虫的研究，细胞凋亡研究进入基因和分子的水平。于是，细胞凋亡的理论就完整地建立起来了。

控制细胞凋亡的基因及它们组成的凋亡通路，就像计算机程序一样。人们发现，在线虫的发育过程中，有131个细胞的死亡是被凋亡通路控制的。这些基因在人体里也有，它们的作用不完全一样，线虫的形式很简单，人类与它相比很复杂，但其基本原理是共通的。

这套程序虽然用符号表达出来了，但并不能告诉我们它是怎么运转的。我们不但要会写计算机程序——从A到B，从B到C……还需要了解计算机的硬件是怎么工作的。遗传学研究提供了大概的框架，但没有具体的过程，研究这个过程需要用到生物化学的方法。

人是由一个个细胞组成的，细胞内的生命活动是由无穷多的蛋白质实现的。如果把细胞本身看成一辆汽车，那蛋白质就是一个个零件。怎样让这些零件互相协作，使汽车开动起来，这就是生物化学研究的事情。

线粒体与细胞凋亡

细胞凋亡过程中最后一个程序是激活一种叫作Caspase的蛋白酶。激活前的Caspase就像一把带鞘的剪刀，刀刃被捆住了，还没有活性。激活的作用就是把鞘打开，用它来切开其他蛋白。

而提到启动激活程序，就要说说细胞里一种叫作线粒体的细胞器。每一个细胞都具有变成一个完整生命体的能力，里面还有各种细胞器。如果把细胞看成一辆汽车，细胞器就是发动机、刹车等零件。线粒体正是细胞的发动机，负责给细胞提供能量。

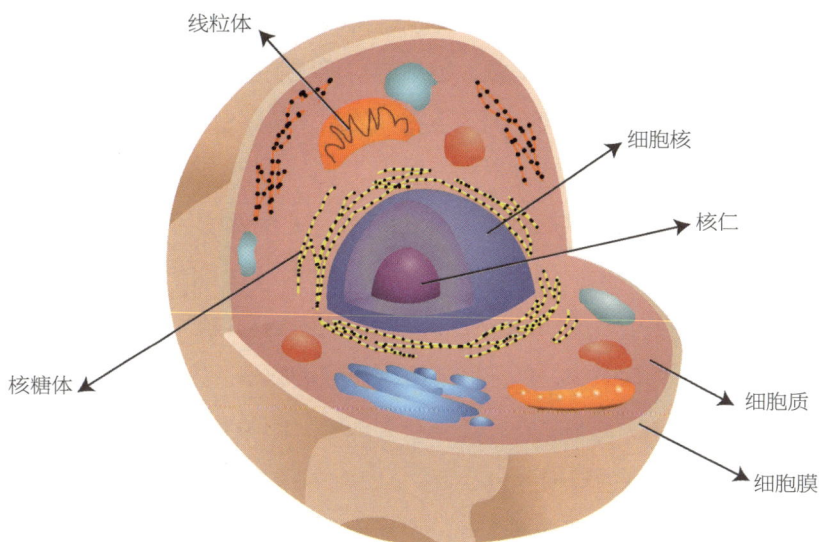

线粒体
细胞核
核仁
核糖体
细胞质
细胞膜

● **动物细胞结构**

我们的生存离不开氧气。一般人4分钟无法呼吸就会造成永久性的脑损伤。供氧不足，脑细胞就会死掉。我们吸入的氧气都去哪里了呢？它们都被送给线粒体了。线粒体消耗氧气，就像烧锅炉一样，烧掉"燃料"，再给我们提供能量。

线粒体不仅提供能量，还能控制细胞的凋亡。去除了小鼠某些控制细胞凋亡的蛋白之后，在发育的过程中，小鼠头上会长出角一样的东西，这其实是没有凋亡的神经元。这类小鼠一般出生前就停止发育，或者出生以后很快就会死掉。可见，凋亡如果出问题，生命也难以继续。

为什么线粒体会控制凋亡呢？这要从生命演化史说起。线粒体跟细胞核中的DNA并不是生来就在一起的，它们在很久很久以前是两种不同的生命体。在原始地球上，最初只有单核细胞，像细菌一样只有一套DNA。在进化的过程中，大约20亿年前的某一天，这两个生命体走在了一起。不知道是一个吃掉了另一个，还是一个感染了另一个。

在今天的地球上，细菌之间互相吞掉、感染这类事情每天都在发生，但是那一次尤其奇妙。两个生命体共生共存，其中一个变成了给另一个提供能量的细胞器，另一个则提供其他的服务。这两个个体走到一起，就像走进婚姻一样。这场

"婚姻"已经持续了20多亿年。如果没有这一次"婚姻"的发生，地球上就不会有真核生物，不会有我们这些动物，也不会有那些美丽的植物。那一次结合是地球生命进化史上的一个里程碑。但到现在我们也不能理解，那两个生命体的结合为什么那么成功。

以前我们总认为这个结合是个互利的过程，一个变成另一个的能量提供者，另一个则替前者保存基因。但是如果一个关系仅仅是互利的，一般也很难持久。因为环境会变，如果一方的情况发生了变化，两者的利益不一致了，怎么办？最后只能分手，在人类社会中，每天都能听到这样的故事。为什么过了这么久，它们都不"分手"？除了互利之外，还有一个很重要的关系，那就是离不开！离开之后它们都会死亡。这个过程很有意思。

人体中有一种蛋白叫作Apaf-1，它可以感受线粒体损伤，它和植物抗病基因（R-Gene）蛋白很像。在植物里，R-Gene负责防御外来侵染。植物没有人体的免疫系统，也不能跑动，但植物进化出来一套防御系统——局部一旦受感染，R-Gene就会被激活，让局部的细胞死掉。这样一来，感染它的病菌也活不了了。植物还用这个方法来防虫，虫子一咬某个地方，植物就激活R-Gene，在虫子将要下嘴的地方，把细胞诱导死亡，虫子就不愿意吃了。

像这样的基因，人体中只有一个，而植物有上百个。这些基因的作用就是防止外来的感染。细胞能够感受线粒体损伤，并引导细胞死亡，本质上这还是一个很古老的防御系统。别看线粒体跟细胞核中的DNA已经"结婚"20多亿年了，细胞还是把人家当外人，并在这个防御系统的基础上进化出了凋亡系统！

细胞凋亡与衰老

现在我们对凋亡系统的分子机制基本了解了，这相当于把计算机程序的每一个指令基本都吃透了。了解了凋亡系统的分子机制后，再去看各种各样的疾病，就有了新的方法和思路。针对不同类型的肿瘤，可以看是哪个细胞凋亡通路出现了问题；还有退行性病变，可以去探究哪个细胞在不该死的时候死了，这种情况为什么会发生、能不能人为去干预。

我所在的实验室发生过一件很奇怪的事情，它和衰老有关。

我们知道，人老了以后会有很多变化。最常见的是，头发白了、发胖、行动迟缓，当然还有很多其他问题。对于老年男性，常见的一个衰老表现是前列腺增生。前列腺是生殖系统里的一个腺体，人类的前列腺与老鼠体内的精囊腺相似。我们发现，老鼠年老之后，精囊腺增生非常明显，可以从年轻时的1000毫克，增加到2000毫克、3000毫克甚至5000毫克。年老老鼠精囊腺的重量占体重的比例很大。

这件事大家是知道的，但是很少有人研究它。因为科学家们一般做完实验，就把老鼠安乐死了。而且一般做实验用的老鼠，都是年轻的老鼠。怀孕21天，老鼠就要出生了，4周后性成熟，一个月的老鼠就相当于人的十五六岁了，8周已经完全成年了。一岁的老鼠相当于人的六七十岁，一岁半相当于人的九十多岁。一般没有人会养老鼠一年以上。

我们实验室为什么会养老鼠到一年以上？这是一个偶然，我们一个学生的课题未完成，类似的课题研究成果却被别人先发表了。这样一来，这个学生之前的工作等于白做了，因为科研只有第一，没有第二。但学生要毕业，怎么办呢？我想到，虽然大家都认为疾病和寿命有关系，但它们的关系究竟如何，好像还没有人研究过。为了挽救之前的课题，我就让这个学生去尝试，所以他就把老鼠养得很老、很老。

有一天他告诉我，把RIP3和MLKL这两个基因从小鼠的基因组里拿掉之后，年老的老鼠，精囊腺还跟年轻时候一样小，而且看起来也年轻——毛发很好，没有发胖，代谢也没有降低。难道这两个基因是控制衰老的？

既然老鼠们看着还年轻，那它们还能繁育下一代吗？带着这个问题，我们给每个年老雄老鼠分配了两只10周的年轻雌老鼠。14只正常的16个月的老鼠（相当于人的八九十岁）中，还能产小老鼠的只有3只，多数都不能生育；而拿掉了这两个基因的16个月的老鼠中，80%的还能生育。

知道这两个基因的效果后，我们接着开发了小分子化合药物。等老鼠长到一年，衰老的症状开始出现了，我们就把药掺到鼠粮里，每天喂它。吃了药的老鼠，精囊腺还是跟年轻时候差不多；而没有吃药的，很多老鼠精囊腺都已经长大了。看来，就算不去掉基因，我们用这种药物也可以控制衰老。

那么，这些吃药的老鼠是不是还有生育能力呢？这次我们准备了20多只15个月的吃药老鼠，能生育的还是80%左右；而没有吃药的老鼠，还能生育的只有20%左右。这么看来，吃药和去掉基因达到的效果是一样的。

非常偶然地，我们发现老鼠睾丸里干细胞的死亡也是类似的方式。如果我们用药物或敲除基因的方式维持住干细胞，就可以让老鼠衰老的过程大大减缓。

为什么生命体会这样控制衰老？当我们把研究年老老鼠的这项工作做出来以后，学生问能不能赶紧写论文发表。我说不行。这些老鼠虽然还能生育，但生下来的小老鼠非常不健康，因为DNA上面的损伤还在。我们只是发现老鼠衰老到一定程度时确实存在一个主动的会加快衰老的程序。加快衰老的意义正是在于把这些DNA损伤多的生殖细胞从大的生殖群体里面淘汰出去。这样的话，作为一个群体才可能有健康的后代。

我建议学生先不急着发表论文，我们要赶紧研究卵巢的衰老。这也是我们实验室现在主要的课题。比起睾丸的衰老，研究卵巢的衰老可能更有意义。因为卵巢的衰老，至少在我们人体中，比睾丸的衰老来得更早，对社会的影响更大。

我们研究后发现，卵巢的衰老比睾丸衰老复杂得多。睾丸的衰老我们已经了解得很清楚了，全部破译了，甚至可以用药物去干预了。而卵巢的衰老，虽然我们也有很大的进展，但是现在还没法确定，因为太复杂了。这是我们实验室现在研究的一个重点项目。

从1972年开始，人们意识到细胞的死亡是有程序的。经过几十年的研究，现在我们知道，在高等动物里，细胞凋亡有很多类型，有不同的程序，程序之间还有交叉。这些程序的启动和我们的健康及衰老都有着非常密切的关系。

我们在这个领域里面的研究还只是管中窥豹，还有很多事情需要了解。比如前面提到的阿尔茨海默病，它和神经细胞的死亡有关，而促使它们死亡的原因我们几乎还一无所知。生命科学关乎人类的健康和发展，希望年轻人，尤其是小朋友，如果有兴趣、有能力，将来也从事生命科学的研究。

揭示生命中不可见的奥秘

庄小威

庄小威，哈佛大学教授、美国科学院院士、中国科学院外籍院士，1972 年 1 月出生于江苏如皋，1991 年毕业于中国科学技术大学，1996 年在加利福尼亚大学伯克利分校获得物理学博士学位。

在高分辨率光学成像、单分子成像领域，庄小威做出了一系列开拓性贡献。她发明了突破光学衍射极限的 STORM 荧光成像技术，使光学显微镜的分辨能力接近纳米尺度，这极大地推动了生物医学领域的进展。因其重要贡献，她荣获了包括生命科学突破奖、麦克阿瑟天才奖等重要奖项。

（以下内容整理自庄小威 2017 年在"墨子沙龙"上发表的演讲）

我的本科是在中国科学技术大学（以下简称中科大）少年班度过的，中科大的数理教育为我的研究打下了坚实的基础。1991年，在中科大取得物理学学士学位后，我进入加利福尼亚大学伯克利分校继续攻读物理学博士学位。5年后，我在斯坦福大学开始博士后阶段的研究。在博士后期间，我的导师朱棣文教授建议我做一些关于物理和生物的交叉研究，我便转入生物学这个陌生的领域，运用物理学的方法开展一些生物学的研究工作。

我们知道，动物（包括人）、植物等生物体都是由细胞组成的，而细胞里面有各种不同的分子，分子又是由原子构造而成的。生物体系的结构与它的功能息息相关，我们非常需要了解其结构。大到人体内的细胞，小到细胞里面的分子，它们的分布和彼此之间的相互作用规律，值得我们仔细研究。

可是，研究细胞里面的分子是一件非常具有挑战性的事情。因为分子对我们来说太小了。如果把人体看作地球，那么细胞就相当于地球上一个小小的广场，而细胞里分子的大小大约就相当于广场里的一个人头戴的帽子。观察细胞里面的分子就相当于，我们从太空俯瞰地球，还得分清地面上不同的人戴的不同的帽子及它们相互之间的运动。

我们必须找到一种成像方法，不仅拥有能"看到帽子"的分辨率，还要能识别出它们的种类并观察它们各自的变化和运动，也就是要能够针对分子的特异性进行动态成像。

为达到这个目的，我们可以给不同的分子"涂上颜色"，利用荧光来对分子特异性进行标记。

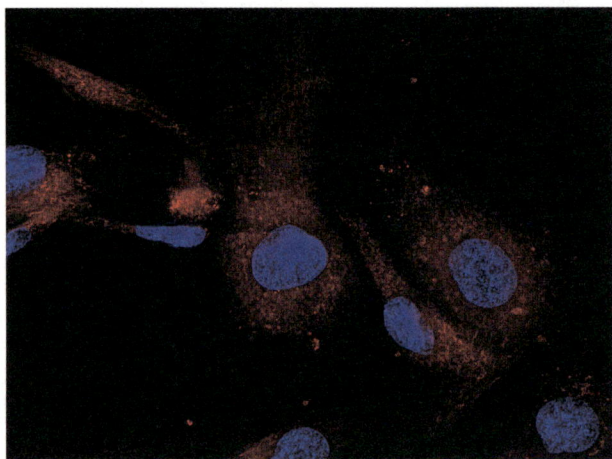

● 荧光分子标记

例如，科学家在海蜇里面发现了一种荧光蛋白，这种蛋白可以发光。科学家钱永健创造性地将这种荧光蛋白衍变成了很多不同颜色的荧光蛋白，这些荧光蛋白可以通过遗传的方法，直接连接到蛋白质分子，这样蛋白质分子就可以发出不同颜色的光。用这种方法，我们就可以对某些蛋白质分子做特定的标记，相当于给广场上不同的人戴上不同颜色的帽子。这样，荧光显微镜也就有了观察特异性分子的本领。

STORM：一种突破衍射极限的成像方法

那么，怎么解决分子尺度的分辨率的问题呢？用传统方法非常困难，困难的根本原因在于，传统的光学显微镜有一个分辨率极限——衍射极限。这是因为光也是一种波，也有衍射效应。也就是说，如果你想把光聚焦到一个点，你哪怕找到世界上最好的透镜，聚焦而成的这个点也是有大小的，大约200纳米。那么用这样一束光扫描样品，成像分辨率大概也是200纳米。发现这个衍射极限的人叫恩斯特·阿贝，所以衍射极限也叫"阿贝分辨率极限"。用传统光学显微镜去分辨几纳米尺度的分子，就会十分困难。

对于这个难题，科学家发明了各种方法去解决它。其中，有光学的方法，也有非光学的方法。比如，我所从事的研究就是一种光学方法。我们发明了一种叫作随机光学重建显微镜（STORM）的方法，这是一种能实现超高分辨率的成像方法。

169

虽然荧光分子的成像存在衍射极限的限制，也就是每一个单独的分子的成像图像都有一定宽度，但我们可以在单个分子成像图像里找到它的中心点，而这个中心点的精度是非常高的，随着光子数的增加，精度可以达到纳米级。当然，对于很多聚集在一块的荧光分子来说，仅仅依靠确定中心点的方法，还不能打破衍射极限，因为靠得太近的分子，它们的图像会发生重叠，成像的结果会模糊一团。但是，我们可以在三维的基础上加上第四维变量来实现区分，这第四维就是时间。

其基本原理很简单：虽然这些图像在空间上是重叠的，但是如果能让它们在时间上有个"先来后到"，它们不就分开了吗？具体来说，我们希望细胞里面的那些荧光分子是可开关的。如果我们能用光激发来控制荧光分子的开关，某一时间只让其中一些分子发光，那么它们的图像就不会相互重叠，我们就可以准确地找到中心点。然后我们关掉这些荧光分子，再打开另一些荧光分子，这样重复几千次甚至几万次，就可以让分子的位置都能够被精准地确定下来。

实际操作中，哪些荧光分子被打开是随机的。我们只能知道打开的比例，而不能知道究竟是哪些分子被打开了，所以我们称它"随机光学重建显微镜"。与我们同时发表类似方案的，例如埃里克·白兹格及其同事所领导的研究组独立发明了一个近似的方法，叫作光激活定位显微成像（PALM）。

我们的技术是要被用来观察实际的生物体的，而生物体的结构是三维的，所以我们需要在三维上突破衍射极限，进行成像。为此，我们进一步发明了3D STORM。现在，我们不仅可以实现三维的高分辨率成像，还可以实现很高时间分辨率的动态成像。这样，我们就可以对生物活体进行STORM成像，促进我们对生物体内很多分子结构和功能的了解。

MERFISH：转录组成像

通过对细胞结构的观察，我们看到不同种类的细胞有不同的功能和形态。如果我们进一步去看这个问题，就一定会想知道：为什么细胞有这么多不同的种类，为什么不同种类细胞有不同的特性？

● 分子生物学中心法则

我们知道，人体内基因的载体是DNA，DNA表达出来就会变成RNA，RNA翻译出来就会变成蛋白质。人体里面不同种类的细胞，它们的DNA信息是相似的，而细胞特性却不一样，这是因为不同的基因在不同的细胞里面有不同的表达。所以，我们需要一种方法，能够用所谓的基因表达谱来分辨、测绘细胞的种类。

基因表达的第一步是从DNA变成RNA。可以想象，比较系统化的方法就是对每一个细胞的转录组做一个完全定量的分析。如果我们能够把每一个细胞里面RNA的种类和数量了解清楚，就可以找到一种定量决定细胞种类的方法。当然也可以直接用蛋白质，如果能够测出细胞里各种蛋白质的种类和数量，也是可以的，但是用RNA可以相对简单一些。

　　另外，仅仅用转录组来把细胞进行分类还是不够的，我们还需要知道它在空间的位置、不同细胞如何相互作用，所以还需要通过转录组的成像来得到不同细胞的空间分布图。在这方面，我们发明了一种叫作多重抗误差矫正荧光原位杂交（MERFISH）的方法。

　　转录组成像是很困难的。一个细胞里面有上万个基因，RNA的数目比基因的还多，整个转录组有6万～8万种不同的RNA。如果用成像的方法把这些RNA都看一遍，传统的成像方法是一种分子用一种颜色标记，如果想同时看到6万种或8万种不同的分子，就需要用6万种甚至8万种不同的颜色，这是绝对做不到的。

　　而我们发明的MERFISH，概念还是挺简单的，实现的关键有两点：一个是组合标记，另一个就是多回合成像。

　　我们首先把细胞里面各种不同的RNA用二进位的标码（例如"1011010"）来标记，这是从现代信息学中学来的。怎么把几万个二进位标码读出来呢？我们会进行多回合的读取。在第一个回合，我们只标记和读取二进位标码的第一位是"1"（不是"0"）的那些RNA。这就生成了第一幅图像。然后我们把标记灭掉。在第二个回合，我们只读取二进位标码的第二位是"1"的。这就生成了第二幅图像。

　　依次进行下去。读到第N位以后，我们有了N幅图，通过整合这N幅图像的信息，我们就能得到各种RNA在空间上的分布图像。

　　刚开始，这个想法带给我极大的喜悦，因为从理论上看，读了N位以后，可以分辨的RNA的数量是2的N次方。这是几何增长，只要读取到16位，就能够区分6万多种不同的RNA。我给我们组的人讲了这个想法后，大家也和我一样特别激动。

　　但是当我们开始做的时候，才发现之前的设想过于乐观了。实验上我们用单分子荧光原位杂交方法来读取二进位标码的每一位。这种方法是一位名叫罗伯特·辛格的科学家首创的，经过不断改进，现在精确度已经比较高了。单分子荧光原位虽然非常精确，但每一位的读取不是绝对无错的。哪怕只有5%的错误，读第二位以后错误就积累成10%……读完16位以后，错误就相当大了。

于是，我们又想到了一个解决的方法。这是一种被叫作容错纠错编码的方法，从现代信息学中借鉴而来。我们对实验进行了改进，让错误最小化。

现在，除了能做细胞里的转录组的成像，我们还可以直接做组织的高精度成像。而且，通过改进，我们已经可以做很高通量的成像，因为如果想要把整个脑、整个人里面各种各样的细胞确定出来，需要很高通量的成像。

为什么要了解生物的结构

不同细胞的不同特性是由基因的表达量来决定的。而细胞的基因组是相对比较相似的，为什么不同的基因会有不同的表达量？这是一门专门的学问，叫表观遗传学。它由很多种不同的因素决定。例如DNA修饰，DNA在细胞里面是缠绕在一个蛋白结合体（组蛋白八聚体）上面的，组蛋白上面也有分子修饰。

最近的很多研究显示，人体内的DNA其实折叠成了一种相当复杂的三维结构，这种三维结构对于基因的表达和控制也很有帮助。我们的RNA转录组的成像方法，也能够帮助我们深入理解DNA在细胞核里面是怎么折叠的。我们正在继续研究。

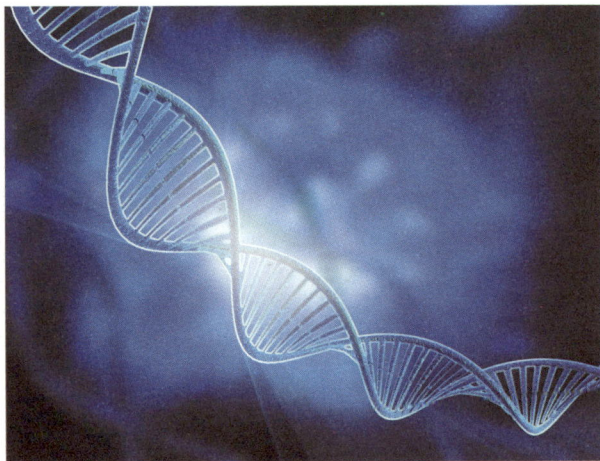

● DNA 的结构

　　我们希望在不远的将来能够了解：人体内到底有多少种不同的细胞？这些细胞在空间上是如何分布的？它们之间又是如何相互作用的？

　　如果把一辆汽车所有的零件都拆开，轮子是轮子，方向盘是方向盘，座位是座位。如果事先不知道它原本是一辆汽车，你看着这些东西根本不会知道它们是干什么用的。如果能够在空间将它们组装起来，你会发现组装后是一辆能跑的汽车。同样的道理，如果我们能够掌握人体内基本的细胞种类，了解它们的分布和相互作用，那我们对人体的生命奥秘或对于各种各样的生物过程都会理解得更深刻、更透彻。那样的话，无论是对生命奥秘基本问题的探究，还是对疾病的认识和治疗，都会有相当大的帮助。这也就解释了为什么生物成像非常重要。

　　科学界有一个全球性倡议，就是测量人体细胞图——把人体内所有的细胞和它的组织分布都测量出来。从美国到欧洲到中国，科学家已经举办过很多次会议来讨论如何把这样一件事情做成，我们希望我们发明的这种方法对这件事是有帮助的。

　　美国一位建筑学家说过一段话："所有事物，不论有机还是无机，不论有形还是形而上，不论属于人还是超出人的范畴，所有头脑、心灵和灵魂的具现，都遵循一个普适的法则，生命有其表现，形式源于功能。"这段话投射到我的工作上，我的理解是：为什么我们要做这些工作，要对生物的结构有所了解？因为结构是为功能服务的。生物进化到今天，进化出来的结构一定是由它想要的功能来决定的。如果对这个结构有了更深度的了解，也就对功能的机理有了更深度的了解。所以我们一直致力于用成像的方法对生物的各种水平的结构进行探究。

173

关于进化论的常见误区

周忠和

周忠和，中国科学院院士、进化生物学及古鸟类学家，1965 年出生于江苏江都，1986 年本科毕业于南京大学，1999 年获得美国堪萨斯大学博士学位，目前是中国科学院古脊椎动物与古人类研究所研究员。

他的研究方向集中在：鸟类的起源和进化、热河生物群等中生代陆相生物群及其地质背景的综合研究。

（以下内容整理自周忠和院士 2017 年在"墨子沙龙"上发表的演讲）

杜布赞斯基，一位俄裔著名生物学家，说过这样一句话："Nothing in biology makes sense except in the light of evolution."这句话有不同的翻译版本，但大意都是在谈进化论在生物学中的重要意义，生物学的很多现象离开了进化论是很难解释的。

虽然大家都认可进化论的重要地位，但有一个现象非常有趣。就像法国生物学家雅克·莫诺所说："进化论有一个很有趣的特点，就是好像我们每个人都懂。"而实际上，大家对进化论有诸多的误解。甚至还有一位名叫史蒂夫·琼斯的遗传学家这样评价："进化论是一张政治沙发，谁的屁股坐上面就

● **漫画进化论**

会变成什么形状。"这个说法真是更玄乎了，好像进化论都不是一门科学了。可我认为，史蒂夫·琼斯恰恰道出了进化论的另一个特点：进化生物学虽然只是生物学的一个分支，但它同时也与社会科学密不可分，其影响远远超出了科学的范畴，甚至深深影响了人们的思想。

国外对进化论的误解有时来源于宗教，但国内公众对进化论的误解则有很大的社会历史原因。正如进化生物学家张德兴所说："从严复先生开始的对达尔文进化论的通俗性传播，一方面使得中国成为世界上对进化论接受程度最高的国家之一，另一方面也使很多国人对进化论一知半解、不求甚解，甚至道听途说、以讹传讹，鲜有继承和发展。"这又是为什么呢？

造成这种情况，有国人对进化论不了解的因素，也有一些历史原因，我举几个常见的例子，大家一起"品鉴"一下。

进化论的常见误区

第一个误区：进化是有方向的。我们的字典在解释"进化"时，都会这样写：进化是生命从简单到复杂、由低等到高等、从低级到高级的一个发展过程。实际上，严格来说，这是不对的。

第二个误区：优胜劣汰，适者生存。这好像是说，保存下来的就是好的，不好的就要被淘汰掉。更有甚者把适者生存等同于强者生存，甚至是落后就要挨打。

第三个误区：进化论还缺少中间类型的化石证据。

第四个误区：很多人觉得达尔文经常受到各种理论的挑战，那么到底谁说的才对呢？

第五个误区：人类的进化不符合进化论的规律，毕竟我们是万物之灵，自然选择只与动植物有关。这当然也是不对的。

第六个误区：进化总是变得越来越完善。我们很多人觉得进化总是会越来越好的，这也是有问题的。

造成这些误区的根本原因，我认为在于不了解。进化论不是一门固定的、静止的学科，而是一门综合性强的学科，它需要了解生物学、地质学等不同学科的

175

交叉知识。

所以，我想简单回顾一下历史和基础知识，来帮助我们解释这些问题。

从拉马克到达尔文

拉马克被认为是进化论的鼻祖，他相信生物是变化的。他提出了一些广为人知的观点，比如用进废退、获得性遗传，而这些观点实际上都是有很大问题的。

他的观点主要包括以下3点。

1. 生物的变异是环境变化所诱发的。

2. 环境变化引起的差异是可以遗传的，这就是获得性遗传。举一个简单的例子，他认为如果一个人生下来很弱小，但他通过锻炼获得了一身强壮的肌肉，那么这身肌肉是可以遗传给下一代的。当然，现在这个观点被认为是错误的，因为（后天）环境因素带来的变化一般来说是不容易被遗传的。

3. 简单的生命形式在不断自生，并且在自动向更高级的形式发展。

生命的演化是十分复杂的，并不能简单地概括为"由低级到高级"，因为低级和高级都是人类自己的判定，虽然我们认为自己比老鼠更加高级，但老鼠肯定不这样认为。我们大致可以说，从38亿年前生命出现至今，生命进化总的趋势是由简单到复杂的，但相反的例子也非常多。复杂和简单是可以双向变化的。比如鸟类就是一种很复杂的飞行生物，但飞行的鸟类也可以变得不再会飞，就像鸵鸟，这就是从复杂演化到简单的一个例子。

我们经常听到这样的话："鸟儿为了飞翔而进化出翅膀。"这实际上是一种拟人的修辞，生物并不会"为了什么"而去有意识地向某个方向进化。可这种拟人的表达有时候会引起人们的误解。

达尔文在拉马克的基础上发展了进化论，他主要提出了以下4个观点。

1. 否定了"环境因素引起的差异可以遗传"这个观点，并且通过严谨的论证说明了生物演化这一个事实。

2. 万物共祖。世界上不同的生物都是由同一个祖先演变而来的。

3. 渐变进化。很多人对达尔文这个观点有误解，认为达尔文只强调渐变，而否定生物有时候的变化是快速的。这是对达尔文的误解，虽然达尔文认为生物总体上是相对缓慢变化的，但他从没有认为生物演化总是一个速度。

4. 自然选择。这是达尔文进化论最核心的部分，自然选择是生物演化的机制，或者说是动力，而自然选择的前提就是有差异。我们每一个人之间都有差异，有了差异再经过大自然的选择作用，生物就会发生改变（演化）。

当然，达尔文也有他的局限性，因为他那个时候还没有遗传学——尽管孟德尔在达尔文生活的时期已经公开他的发现了，但他的贡献真正被世人了解是在20世纪初。遗传学的出现带来了达尔文理论的深化，我们所说的"龙生龙，凤生凤，老鼠生儿会打洞"说的就是遗传。

到了二十世纪三四十年代，进化论达到了一个新的高度，我们通常认为这代表着现代综合进化学派的诞生。虽然基础仍然是达尔文的自然选择，但是在此基础上有了很多重要的突破，其中之一就是解释了达尔文所无法解释的变异的机理问题。与此同时，遗传学家还提出了一个重要的概念，就是演化发生的随机性。

二十世纪五十年代，人类发现了DNA双螺旋结构，此时我们对生物变异的基础有了更深的认识。其中最重要的认识是，DNA是遗传的基础，它是控制生物性状的基本遗传单位。

177

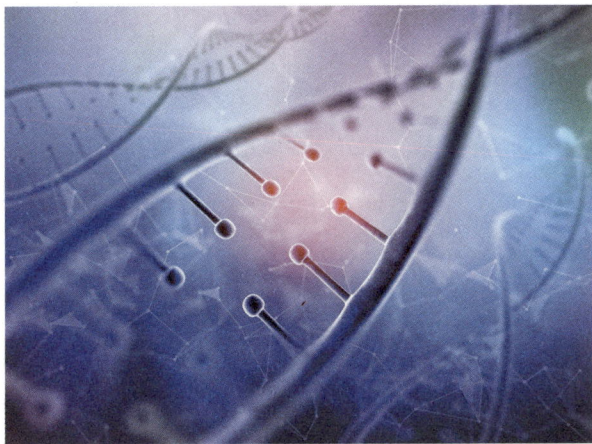

● DNA 双螺旋结构

基因突变是随机的，而且大部分是有害的或中性的，只有少部分是有益的。基因突变及重组是群体内变异的基础，突变能够产生复杂的结构，虽然目前我们对它了解得并不够，但可以明确的是，不同的基因控制的东西不一样，这也是生物多样性增加的前提。

现在常有人说我们进入了生命世纪，进入了基因组的时代。基因的知识可以帮助我们从微观理解进化论，让我们知道DNA是怎么进化的。人类对进化的理解进入了新的高度。

了解了进化论的前世今生，我们再回头看看，有些人对进化论的误解是如何产生的。

赫胥黎与《天演论》

1898年，严复通过《天演论》把达尔文的进化论介绍到了中国。其中有一句话想必大家都早已耳熟能详："物竞天择，适者生存"。"物竞天择"比较贴近达尔文自然选择的原义，但"适者生存"这句话则大有问题并影响了很多人。

比如胡洪梓因为信奉"适者生存"，改名叫胡适。他认为适者生存太好了，当时的中国这么落后，我们要适应、我们要发展，因此决定改名。

但是我认为他们实际上是受到了严复的误导，虽然严复并非完全不对，但真正的进化论不是严复说的那样。进化论的通俗性传播，虽然使中国成为对进化论接受程度最高的国家之一，但也导致了很多人不求甚解，甚至以讹传讹。

到了现代中国社会，"适者生存"这一概念更被滥用。这个观念实际上并不是达尔文先提出的，而是社会达尔文主义鼻祖——斯宾塞提出来的。他曲解了进化论的一些思想，然后把它延伸到社会学领域，甚至和种族主义等联系到了一起，因此遭到了全世界的抵制。

达尔文实际上是在《物种起源》的第5版才开始把"适者生存"的概念写到他的书里，在我看来这是一个败笔。生物学上虽然也讲适应，讲适应的演化，但从生物学的角度去讲一个物种或一个个体的适应，衡量的标准主要是：第一，怎么活下去；第二，繁衍后代的多少。这个适应主要是被动的过程。

那么严复先生为什么把这部经给念歪了呢？《天演论》这本书的英文原名实际上是《进化论与伦理学》，作者赫胥黎是一位很伟大的人文主义者，他反对所谓的"劣等种族"歧视，对穷苦人民是很同情的，所以他强调的是生物进化和人类进化的差异。他认为"人类已经走过了幼年期，那就应该拿出成人的气概来"，应该"勇于摈弃自身的野蛮本性"，要"真心向善、疾恶如仇"。可在严复先生翻译《天演论》时，只翻译了赫胥黎原书的进化论部分，而有意舍去了其伦理学观点，还另外加入了臭名昭著的社会达尔文主义的观点，而这恰是赫胥黎所坚决反对的。

看到这里，想必你已经破除了前两个认识误区。那么，进化论是否缺少过渡时期的化石作为支撑呢？

间断平衡与寒武纪大爆发

先说答案，当然不是。用芝加哥大学一位著名进化生物学家杰里·科因的话来讲："虽然达尔文在写作《物种起源》的时候，还没有任何过渡形态的物种可供其作为证据，但如今他应当可以瞑目了，因为现代古生物学的累累硕果已经彻底证实了他的理论。"

我们都知道鸟类是从爬行类进化而来的，但蛇、蜥蜴、鳄鱼等生物看起来和鸟的差别还是挺大的。实际上，现生动物里面，鳄鱼和鸟类的关系是最近的。就像右边这张图，最上面的是现生生物，下面的很多是化石。如果你把化石全扔掉的话，你确实觉得不同的生物类型之间差得太多了。但是你一旦找到对应的化石，你会发现差距越来越小。

现生生物
化石
化石
化石
化石
化石

时间

● 重建生命之树

179

在过去20年，中国发现了大量证据，证明鸟也是由恐龙进化而来的，其中之一就是发现了长羽毛的恐龙。值得一提的是，2009年我们的科学家还发现了一种古生物，命名为赫氏近鸟龙。命名中的"赫氏"是为了纪念赫胥黎，他曾被戏称为"达尔文的斗犬"，是进化论最忠实的支持者，碰巧他又是第一个提出鸟类起源于恐龙这一科学假设的科学家。把这样一个物种的名字献给赫胥黎，应该是对他最好的纪念，也是对进化论的一种支持。

那为什么会有人认为，依然缺少过渡时期的化石呢？因为化石的记录并不完整。过去的生命，有百分之一甚至千分之一能变成化石就不错了。正是化石的不完整，才导致我们有很多的认知误区。比如，为什么没有那么多的过渡类型呢？

二十世纪七十年代，古生物学家提出一种理论——"间断平衡理论"，来解释这个现象。他们认为，物种形成后，通常长时间不发生变化。当环境发生骤变时，物种也发生急剧的变化。就像寒武纪大爆发，在距今5亿年前，现代的主要生物门类"突然"一下子都出现了。曾经，寒武纪大爆发是一个让达尔文头痛的问题，但是如今化石记录在不断完善，我们发现其实物种大爆发在寒武纪之前就已经开始了，不过寒武纪确实是一个生命快速发展的时期。这与达尔文的假说一点也不冲突。

那么，为什么过渡时期化石会偏少呢？快速的演化一般发生在个体较少的种群当中，而小规模的种群形成化石的概率也比较小，因此过渡时期的化石比较少。如今，分子生物学的进展也为间断平衡理论提供了依据。

达尔文又一次获得了胜利，难道就真的没有人从科学上真正挑战他吗？其实，也是有的。

对达尔文的挑战

1968年，有个叫木村资生的日本分子生物学家直接挑战了"自然选择"。达尔文认为自然选择是进化的一个主要动力，但他认为不是。他从分子的角度认为中性突变的遗传漂变是分子演化的主要原因。分子水平上绝大部分的变异是中性或近似中性的，对生物个体既没有好处也没有坏处，并不受到自然选择的影响。

这个学说提出来以后，生物学界争论了几十年，之后终于发现大家争论的不是一回事。这个中性理论是解释分子进化理论，它并不能拿来解释其他层次（如表型）的进化现象，而且中性假说其实是对进化论的重大丰富。

另外有一位著名的日本遗传学家，名为太田朋子，她提出了进化的随机性问题，她认为在演化过程中，在自然界能够最终被留存下来的，不见得是那个最能够适应环境的特征。注意，这句话跟"适者生存"可不是一个意思了，因为这不是适应性的演化，不好的性状由于机遇在自然界也有可能被固定下来。这就揭示了一个很重要的问题，那就是生物进化里面有很多机遇或运气的成分。

不过我觉得，大多数生物学家还是认为，自然选择——也就是适应性演化，是推动生物演化的主要机制。

关于进化的随机性和偶然性，我想谈一点自己的理解。我认为生物进化的随机性至少来自3点：第一点是中性演化，也叫遗传漂变；第二点是基因突变，因为基因突变是随机的；第三点是环境变化。

最近生物学有一门发展很迅速的分支叫作表观遗传学，它指的是在DNA序列不发生改变的情况下，基因的沉默或激活，导致生物的表型和基因表达发生了可遗传的改变。不过，目前表观遗传的研究成果并没有为拉马克的"获得性遗传"翻案，它现在也还没能挑战自然选择的主导地位。

现在，我们再来谈谈最后两大误区。

人类与"完美进化"的距离

首先我们要明确，就像达尔文说的，自然选择不会产生绝对完美的适应。达尔文也说，一种动物比另一种动物高级的说法其实是很荒谬的。

进化原本是没有方向的，就像鲁迅所说的"世界上原本没有路，走的人多了就成了一条路"一样。自然选择并没有预见性和目的性，生物的演化和选择是着眼于当前，进化是随机性与规则性的结合。

有些人总觉得我们人类是上天的宠儿，我们就是完美的，可实际上并非如此。我觉得人类的颈椎病、腰椎病，跟我们的祖先变成直立行走是有关系的，这就是进化（直立）的代价。人的脑容量的增加也被认为带来了人类女性的难产。实际上，我们的阑尾、智齿、尾椎一般被认为是没用的，只是它们的存在并没有造成太大危害，留着也不碍事，就附带着保留下来而已。

那人类是否适用"自然选择"呢？人类是否还在进化呢？答案是肯定的。人类当然是符合进化论规律的生物，但我们又确实与其他生物不一样，我们还有文明、有道德、有文化。我们要尊重我们的生物学属性，但不能仅仅停留于此，还应该充分发挥我们更加发达的思想，让这个世界变得更加美好。

06

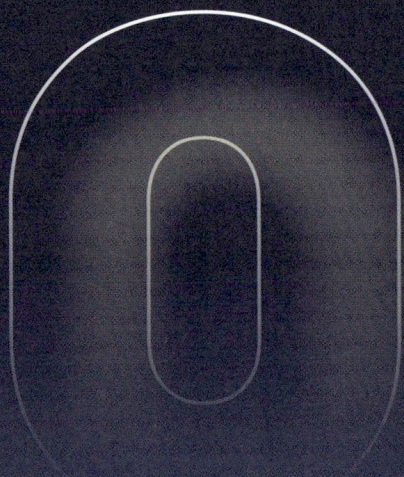

张超

薛其坤

巴里·巴里什

弗兰克

颜宁

王飞跃

姚期智

赵忠贤

张杰

戴维·瓦恩兰

饶毅

龚能

常进

第六部分

科学与人生

卢宝荣

蒲慕明

雷纳·韦斯

安东·塞林格

李建刚

庄小威

裴钢

周琪

施一公

潘建伟

基普·索恩

彼得·佐勒

王晓东

包信和

王贻芳

郭爱克

查尔斯·本内特

陈云霁

卢征天

周忠和

戴子高

张远波

写在前面的话

潘杜若

　　当我还是一个小女孩的时候，爸爸妈妈经常周末带我参加爸爸同事的聚会。爸爸的同事都是一些很年轻的叔叔阿姨，他们看起来沉稳而友善。但当他们开始讨论工作，嘴里冒出一些我也听不懂的名词的时候，就会变得很兴奋，有时候甚至会产生小小的争执。大家在一起的时候，妈妈总是笑眯眯地看着他们，爸爸也会加入讨论，他们会一起开怀大笑或紧皱眉头。妈妈说我看绘本的时候也是这样——当我们沉迷于某物时，我们的情绪也随之波动。

　　长大后，我才知道爸爸和这些叔叔阿姨是传说中的"科学家"，那个让他们着迷的东西，就是科学。上学后，我见到这些叔叔阿姨的机会少了很多，直到2015年，爸爸有一天很兴奋地说，周末要带我去听一场介绍前沿科学的科普报告，这场报告就是由当时正在筹备的墨子沙龙组织的。那天的报告者是张双南教授，他给我们讲了《星际穿越》这部电影中的天文知识。我被他报告里的黑洞深深吸引。报告结束后，张教授没有立即离开，而是留了一些时间让台下听众提问。虽然有些害羞，我还是大胆提问了，没想到他非常和蔼可亲地回答了我的问题，还夸奖我问得好。我受到了鼓舞，2016年墨子沙龙成立后，我立即成了墨子沙龙的拥趸。

　　后来，墨子沙龙的负责人朱老师注意到了我，她鼓励我在讲座后多多提问，而且因为我的英文比较好，我还志愿承担了一些墨子沙龙的翻译工作和沟通工作，虽然没有薪酬，但我觉得能有机会和这些优秀的科学家近距离交流，就是最大的奖励。

　　当墨子沙龙计划出版《科学之美》时，朱老师再度找到了我，她希望我能整理出以往观众给嘉宾的留言和提问，并且通过邮件和电话采访的方式请嘉宾对报告做出补充，我非常愉快地接受了这个任务。正在读高中二年级的我正为了考取大学而努力，但重读当年听过的报告文章，对我来说是一种精神享受。有幸和来自各个领域的科学家笔谈或电话采访，对我更是极大的鼓励。

由于时间有限，墨子沙龙选择了几位有代表性的科学家并安排我对他们进行访谈。发邮件给他们之后，我开始了忐忑不安的等待。这些科学家都是各自领域的佼佼者，有一些甚至是诺贝尔奖获得者，他们会有时间接受我这个中学生的采访吗？正当我为此感到焦灼的时候，一封接一封的邮件回复打消了我的疑虑。在采访过程中，有几点让我印象深刻，在此与大家分享。

第一点，无论对方是什么人，都真诚以待。弗兰克·维尔切克教授（诺贝尔物理学奖获得者，世界上最聪明的人之一），虽然他的工作非常繁忙，但是他仍然愿意花几个小时的时间接受我的视频采访，并且毫无保留地与我交流。还有赵忠贤教授，82岁高龄的他在回复我的邮件中称呼我的全名，并加上"女士"以示尊重。另外，他对本书收录的文稿的修改也非常认真，这些细节让我非常感动。

第二点，对科学的热爱没有年龄限制。雷纳·韦斯教授在邮件中告诉我，他最近手头有好几项非常重要的工作到了"deadline"，我很受触动，难以想象一位快90岁的老人，还在全身心地投入工作。

第三点，对一切都充满好奇心。基普·索恩教授来墨子沙龙的时候，给我们讲述了他给《星际穿越》这部电影做科学顾问的事情。在这次采访中，他告诉我他的工作转向了"科学与艺术"的交叉融合。为什么呢？就像当年他用"不"来回答墨子沙龙观众"你会因为科研很难而放弃吗"的提问一样。他告诉我，他做这些事情是"因为喜欢"。

第四点，合理安排生活和工作。在采访布拉萨德教授的时候，他告诉我，他非常乐意接受我的采访，不过他马上要度假，度假结束后他又有一项当月月底截止的项目要申请，所以请我在下个月给他发采访的问题。我觉得布拉萨德教授的安排就非常好，毕竟，有什么事情比度假更重要呢？

我在采访中还有许多其他的感悟，因为篇幅关系就不在此一一列举，希望大家在阅读这一章时，也能体会到我当时的心情。更希望许多和我一样的同龄人，能因为这些采访获得向上的激励，更好地投入学习和生活。

因为能力有限，我的整理和翻译工作也许没有做到尽善尽美，请大家多多向我提出意见。感谢大家对这本书的支持！

弗兰克·维尔切克

潘杜若：除了科学研究，您还是一名优秀的科普作家，积极向公众传播科学知识。您的很多书也被翻译成中文，影响了许多年轻的中国学生。您做这些事情的动机是什么？您认为科普的价值是什么？

弗兰克·维尔切克：现代物理研究的许多"产物"是文化产物，而不是有实际用途的机器和装置，在基础粒子物理学、天体物理学和宇宙学中尤其如此。因此，如果我们向公众寻求支持，我们就应该回报他们，这可以总结为：以他们能够欣赏的美丽想法、见解和观察来回报他们。我认为与公众沟通也是我工作的一部分。

当我还是孩子的时候，通俗和半通俗的科学对我来说非常重要。它让我对前沿科学产生了兴趣，让我走向科学。如果我能为今天的年轻人做同样的事情，我会非常高兴。直到今天，我也喜欢阅读并受益于生物、技术等领域通俗和半通俗的科普作品，所以我希望自己也能通过科普给人们带来愉悦。

另外，强迫自己用简单的语言解释复杂的事情常常会对我的研究工作有帮助，这是"不一样地思考"的好方法。

我从那些读过或听过我（通俗或半通俗）演讲的人那里得到了很多积极的反馈，这是令人欣慰的。

我偶尔会收到一些科普过程中反馈的有趣问题，这也帮助我"不一样地思考"。

潘杜若：科学研究的成果在经记者或其他非学术渠道传播时是否会被歪曲？

弗兰克·维尔切克：有时会。从社交媒体到科学期刊，现在有很多不同层次的科学报道。

我知道《物理评论快报》有一个"编辑建议"栏目，科学家自己尝试写一些普及性的文章（有时是在编辑的帮助下）。也有一些像《科学美国人》这样的杂志，并非科学家的作者会在这些杂志上面撰写科学文章，但这些文章会经过严格的编审程序，以保证质量。但在社交媒体上，人们有时会对不了解的事物发表评论，其实并不知道自己在说什么。

所以，科学报道是一个非常复杂的系统，不同来源的文章质量参差不齐。我想对那些对科学感兴趣的人说：尽量挑选那些能找到可靠的来源的内容，即来自科学界或经专业期刊等途径审查、认证过的内容进行阅读。

潘杜若：对中国科学的未来发展，您有什么见解或建议吗？

弗兰克·维尔切克：中国人口众多，有大量聪明、有抱负的人，而且中国的技术和财富也在不断跃升。持续不断的发展将最终带来一个繁荣的科学研究群体。良好的教育政策、竞争和公开的信息交流可以使这一过程更快、更顺利。

潘杜若：作为一名科学家、研究人员，您认为是哪些性格或品质促成了您的成功？或者，更广义地说，您认为在科学研究领域，是什么决定了成功？

弗兰克·维尔切克：好奇心、毅力、好的工作环境及较好的教育。成功是这些因素的混合，不同因素的比例可以变化。

潘杜若：您认为什么样的科学家可以被称作成功的科学家？获得荣誉或奖项？工作对公众有很大的用处？或者其他？

弗兰克·维尔切克：成功有很多种。当然，有一些科学家获得了国际级奖项，从任何标准来看，他们都是成功的。他们完成了一些被广泛认为重要的工作。

但也有其他类型的成功。科学是一个大"共同体"，其繁荣取决于许多人的努力。一小部分人做出了巨大贡献，但更多的人做出了各自的贡献。还有许多人致力于教育和培养年轻人，许多人向公众传播科学。他们都在做重要的事情。所有这些事都能给从事这些事的人以及从中受益的人带来欢乐。这也是一种成功。

所以，成功并不一定意味着必须获得诺贝尔奖，成功有很多不同的层次、很多不同的类型。生活中有很多东西：家庭、音乐、文学、科学…… 人们有很多方式来过舒适的生活，对个体来说，这可能就是最重要的成功。但另一种成功则是：某些人的工作让知识、智慧在宇宙中扩展，他们可以从做这样的事情中获得乐趣，这是另一种乐趣。

所以成功不仅仅是一件事，它有很多维度、很多层次。

潘杜若：您从什么时候开始对科学感兴趣？是否有什么特定的事件或人影响了您的兴趣？

弗兰克·维尔切克：从记事起，我就一直对抽象问题和事物的运作方式感兴趣。在我最早的记忆中，有两件事令我印象深刻：一是处理大数字，二是把在房子周围找到的东西拆开重新组装。我父亲是一名电气技术员和维修员，所以我家的公寓里有很多电器。

潘杜若：在您的生活或职业生涯中，有没有遇到过值得分享的艰难时刻？

弗兰克·维尔切克：从本科生进入研究生的阶段，在从"学"到"做"的转变过程中，我经历了一场危机。有几年，我没有方向，郁郁寡欢。但很幸运，当时的我遇到了我现在的妻子贝齐·迪瓦恩，并与戴维·格罗斯建立了联系，他们让我摆脱了困境。在后来的几个月内，我就完成了后来获得诺贝尔奖的工作。

潘杜若：您上次来上海时，我收到了一本您亲笔签名的《美丽之问：宇宙万物的大设计》。这本书非常有趣，而且从书中可以看出来，您非常关心美和对称性。您对此的兴趣源于何处，您认为科学和艺术或美之间的联系是什么？

弗兰克·维尔切克：从我记事起，我就一直被逻辑和对称相关的概念所吸引。当我开始系统地学习、工作并掌握了科学的工具——数学时，我发现最美丽、最吸引人的学科是群论——关于对称性的理论，它有令人惊讶的数学特质：关于符号、不可约表象理论以及各种不同寻常的东西，而且被证明完全适合于物理学，特别是量子物理学。这是一个极其特别的奇迹。每当我想到它，仍然会感到兴奋，这是数学概念的理想世界和物理世界之间的对应关系。量子物理学不只是抽象的数学概念，还是非常精确和严格的客观世界的规律。随着我工作年数的增加，我发现了越来越多的例子，其中一些是非常纯粹的例子，比如量子色动力学，它几乎是基本物理定律中对称概念的理想实现，还有一些更复杂的例子。

对于大脑是如何形成的，以及事物是如何连接起来的这类问题，我是个业余爱好者但我非常喜欢钻研。以电子学为例，我学习电子学主要是为了好玩，我真的很喜欢那种具有艺术性且真实存在的电路图，它们是代表思想的真实事物。

这种联系在不同的层次上起着作用。我成年生活的乐趣之一是学习更多关于音乐的知识，尤其是复杂的音乐：古典音乐、巴赫音乐，以及更现代的实验性音乐——多音调的有趣的电子音乐。音乐节奏是一种抽象理念的组合，你也可以在钢琴上或以其他方式演奏。

事实上，理想的数学概念和精确的物理规律描述同一个世界，或统一为一个世界。对我来说，这是一件很神奇的事情。当我们通过不同的角度来研究同一种事物时，数学概念和物理规律相互印证与补充。

潘杜若： 您是否认为，所有这些"媒介"中没有一个能够真正捕捉到理念世界？我的意思是，柏拉图所说的理念世界。

弗兰克·维尔切克： 柏拉图的"理念"现在看起来非常单纯和具体。我并不认为有一个特定的理想对象或理解方式是正确的、最好的，而其他方式都是低劣的。随着我的思想变得更加成熟和复杂，我更趋近于尼尔斯·玻尔的观点。尼尔斯·玻尔强调的概念叫作互补性，也就是：对于同一件事，可以用根本不同的方式来看待，但这些方式又不能真正地彼此解释，它们甚至可以是互不相容的，但对于你正在谈论的主题，它们都富有有效的洞察力。

就像在音乐中，既有和声，也有旋律，并不是说只有和声才重要，也不是说只有旋律才重要，两者都重要。你必须同时把握和声和旋律，让它们一起工作，缺一不可。因此，我认为看待事物没有一种特定的方式，对于一个主题，你必须以不同的方式来看待它，并从所有这些角度中收获快乐。

189

潘杜若：您对想从事科学事业的年轻学子有什么建议？

弗兰克·维尔切克：我有3点建议。

广撒网。在你决定投入大量宝贵的时间之前，探索不同的选择，认真思考你喜欢做的事情和看起来有前途的事情。尽力去继续探索！

尽快学习基础知识。就像语言一样，如果你开始学得早，你会更容易在逻辑思维、应用数学和使用科学研究工具方面变得顺畅。

读科学史，读大师著作。看到伟大的头脑如何与他们所处时代的问题角力是很鼓舞人心的，从中你也可以学到很多关于思考和写作的方法。

基普·索恩

潘杜若：您是何时以及如何参与引力波研究的？能和我们分享一下吗？

基普·索恩：二十世纪七十年代中期，在仔细研究了要成功探测到引力波所需的条件之后，我说服了我在加州理工学院的物理学和天文学同事，并成立了一个研究小组，致力于引力波探测的研究。由罗纳德·德雷弗领导的加州理工学院团队和雷纳·韦斯领导的麻省理工学院团队，在1984年共同创建了LIGO项目。

潘杜若：听说您目前已经从科学研究转向与科学知识传播更密切相关的工作。您做出这个决定的理由是什么？

基普·索恩：我的工作方向转向了科学和艺术的交叉融合，包括担任电影《星际穿越》的科学顾问，即将出版一本图书（内容是我的诗歌和艺术家利亚·哈洛伦的画作），与汉斯·齐默和保罗·富兰克林（在制作《星际穿越》时，我认识了他们）合作举办多媒体音乐会，以及其他项目。我做这些事情是因为我喜欢。

潘杜若：在未来引力波的发展中，我们可以有哪些期待？

基普·索恩：到21世纪中期，我们将拥有更多引力波探测器，可以在4个频段探测宇宙。这类似于电磁探测中的伽马射线天文学、X射线天文学、光学天文学和射电天文学。这其中的一个或多个探测器将探索宇宙的"分娩期"——在生命的最初一秒，宇宙是如何表现的。

潘杜若：能描述一种让您着迷的物理学现象吗？

基普·索恩：几乎一切。

潘杜若：对打算从事科学事业的年轻学生，您有什么建议？

基普·索恩：从事伟大的科学研究需要艰苦的工作和高度的专注。对大多数人来说，只有真正热爱科学，为之激动兴奋，才有可能做到这一点。所以，如果你热爱科学，就做一个严肃、专注的科学家吧！

人们的思维方式是不同的。有些人的直觉很好，另一些人则擅长数学分析；有些人擅长用图像或几何的方法来进行思考，另一些人则习惯用公式语言；有些人理解事情很快，有些人却很慢，但经过大量的努力后可以理解得非常深刻。所有这些不同类型的人都可以为科学做出贡献——有很多方式做出贡献。所以，如果你的思维方式与别人不同——例如，你的思考速度较慢，或者不太擅长数学，你也不应该气馁。如果你热爱科学，你很可能会找到一种自己的方式并为科学做出贡献，而且你会喜欢你的工作。

潘杜若：您从事万有引力和天体物理学研究已经几十年了。在您看来，这个领域最重要的发现或突破是什么？

基普·索恩：LIGO成功探测到引力波，从而开创了"引力波天文学"这一新领域。这一领域将极大地影响我们未来几十年和几个世纪对宇宙的理解。

王贻芳

潘杜若： 高能物理是一项耗资巨大、众多科学家参与的大科学项目。对于这样庞大的工程，在项目设计中，明确的科学目标很重要。在设定大科学装置的科学目标、性能参数时，哪些因素是首先需要考虑的？

王贻芳： 1. 首先要考虑的是科学目标及其国际竞争力，包括其目前、未来甚至是在整个历史上的国际地位。虽然科学发现有运气的成分、有不确定性，但其巨大的投资规模要求我们要竭尽全力来回答这些问题，并得到国际高能物理学界的认可。

2. 科学目标的选取和确定依赖于眼光和学术高度、学术能力和技术能力，以及资源限制等，需要对各个要素综合考虑。性能参数的选取既不能太保守（影响科学目标），也不能太激进（导致不能完成任务），还要在可用资源范围之内。这就需要经验、知识、能力和努力等。

3. 要寻找与别人不同的实现途径，要以创新的技术方案和最佳性价比来实现目标。在可能的情况下，要争取比竞争对手（或前人）的指标提高一个数量级。

4. 在具体设计中要优化性价比，确保将经费（资源）用在刀刃上。

潘杜若： 大亚湾中微子实验完美完成了它的历史使命，于2020年正式退出历史舞台。现在回看这段历史，是哪些因素铸就了它的成功？"江门中微子实验"又有哪些新的历史使命，现在它的进展如何？我国未来还有哪些中微子探测的规划？

王贻芳： 1. 大亚湾实验的成功有很多因素，包括各方面的支持、运气、创新性实验方案、大幅度超出竞争对手的探测器性能指标、技术研发的成功、大家的努力和几乎完美的方案实施等。其实，影响一个实验成功的因素可以有很多，需要在设计和研制探测器设备时考虑周全，不犯任何错误。

2. 江门中微子实验有以下几个科学目标。

（1）继续研究中微子振荡，以解决剩下的问题之一：中微子质量顺序。这是中微子的基本性质。

（2）测量另外3个中微子振荡参数，将精度提高10倍。

（3）争取发现超新星的遗迹中微子。

（4）争取碰上一次超新星爆发，精确测量其中微子能谱以理解超新星物理过程。

（5）测量地球中微子以理解地球的U/Th比例。

3. 在完成以上江门中微子第一阶段的目标以后（约2030年），我们将会升级实验设备以测量中微子的绝对质量，并寻找无中微子双beta衰变，以确定中微子是否是马约拉纳粒子，其灵敏度比目前所有计划中的无中微子双beta衰变实验提高一个量级。

4. 未来我国也许会有大型水下中微子探测设施以探测天体中微子，研究宇宙线的起源和加速之谜。

潘杜若：无论是中微子探测还是粒子加速器，面对相同的科学目标，世界上往往有多个运行或建设、规划中的大项目；同时，每个项目又有全世界成百上千的科学家共同参与。您如何看待大科学项目中的国际合作和竞争？

王贻芳：大科学项目中，国际合作和竞争是必不可少的。一方面，我们需要通过合作发挥各自的优势，资源共享、克服困难、解决问题；另一方面，需要有竞争来维持压力，推进研制进程，互相检查与验证，确保结果可重复，使科学发展走在正确的道路上。

潘杜若：粒子物理的"盛宴已过"是被广为传播的一个论调，您如何看待粒子物理的未来发展方向？

194

王贻芳：历史上许多人说过物理学或粒子物理学"盛宴已过"，但事实上它们仍然在蓬勃发展。对物质结构更深层次的探索在过去几百年来一直引领着科学的发展，现在也不应该例外。

粒子物理标准模型遇到的一些自洽性和完整性的问题，粒子物理实验中看到的一些超出标准模型的现象，都在告诉我们：存在我们不知道的新物理，这也是我们这一代特别是下一代物理学家的机会和挑战。

粒子物理还是会得到很好的发展，虽然会有曲折、彷徨和困难。

潘杜若：在粒子物理领域，我国有哪些重要的规划，例如大型对撞机？国际上有哪些重要规划？在当今世界，我国的粒子物理发展面临哪些机遇与挑战？

王贻芳：我国粒子物理未来最重要的规划是大型正负电子对撞机，英文缩写是CEPC。国际上最重要的规划包括日本的国际直线对撞机（ILC）和欧洲的未来环形对撞机（FCC）。这3个方案虽然技术方案与指标略有不同，但科学目标非常接近，都是要研究希格斯粒子，这表明国际高能物理学界对未来发展方向的高度共识。三者的造价和时间计划略有差别，构成相对罕见的直接竞争。

我国的粒子物理研究从二十世纪八十年代起步，现已完成了在世界高科技领域占领"一席之地"的目标。未来如果能抓住大型对撞机的机遇，我们就能成为粒子物理的领导国家，并发展相关技术，建设一个世界性的科学中心。

我们的挑战主要是粒子物理研究相对艰涩，难以被大众理解。

195

赵忠贤

潘杜若：您从事超导研究长达近半个世纪，请问您最初是怎么进入这一领域的？

赵忠贤：二十世纪六十年代初是超导电技术发展的开始时期，对人们来说，超导电技术是新奇的、有吸引力的。当时只有中国科学技术大学有低温物理专业，该专业包括超导电性的课程。

潘杜若：在您看来，超导发展史上最重要的发现是什么？

赵忠贤：当然是卡末林－昂内斯发现超导电性。而且超导电性是在量子力学建立之前就被发现了，也是第一个被发现的宏观量子现象。另一个就是铜氧化合物高温超导电性的发现。

潘杜若：中国在超导领域取得了很好的成就，回顾过去的发展，您认为成功的经验有哪些？

赵忠贤：培育科学的品味、选择重要又适合自己能力的方向以及解决问题的切入点。坚持不懈，保持激情。再加上机遇、努力与合作。

潘杜若：超导领域还有很多待解之谜，您认为哪些问题是最重要或最有可能取得突破的？

赵忠贤：金属氢化物超导性。

潘杜若：您对计划从事超导研究的年轻学生有哪些建议？

赵忠贤：解放思想、保持激情、选好方向、不断提高驾驭知识的能力。

吉勒斯·布拉萨德

潘杜若：1984年，您与查尔斯·本内特一起提出了首个量子密钥分发协议，即BB84协议。你们是如何开始这项工作的，能否分享一下当时的故事？

吉勒斯·布拉萨德：1979年10月某个晴朗下午，我在波多黎各圣胡安的海里游泳。想象一下，一个陌生人突然游向我，并开始告诉我斯蒂芬·威斯纳的那些关于如何利用量子理论来设计不可伪造的钞票的想法时，我有多惊讶！这可能是我职业生涯中最离奇，也最魔幻的时刻。几小时之内，我和本内特就找到了将威斯纳的编码方案与当时新出现的一些公钥密码学概念结合起来的方法。就这样，一次奇妙的合作诞生了，我们有了量子密码学以及其他几项发现。

不过，我必须承认，我和本内特在波多黎各的同一片海里游泳不是偶然的——尽管这么说会让整个故事变得没那么神奇了。我们俩当时是在参加"第20届IEEE计算机科学基础年会"。本内特找我是因为我在会议的最后一天要做一个关于"相对密码学"的演讲，他觉得我可能会对威斯纳的想法感兴趣。巧的是，在我去圣胡安的路上，我刚读到过马丁·加德纳对本内特关于蔡廷常数的报告的描述，这篇文章刚刚出现在1979年11月的《科学美国人》的"数学游戏"专栏上。这是我第一次听说本内特，不过，当他向我游来时，我还认不出他来，因为我不知道他长什么样。

潘杜若：通过物理学家和工程师的不断努力，量子密钥分发（QKD）正逐步走进人们的现实生活。在QKD的发展历程中，有哪些成就让您印象深刻？

吉勒斯·布拉萨德： 在实验上和理论上，有几个重要的、令人印象深刻的里程碑。

里程碑（实验方面）：

1.　QKD的第一次实验实现是在1989年，在3个学生的协助下由我和本内特一起完成，其中两个学生已经成为量子信息领域的重要研究人员——路易斯·萨尔维尔尔和约翰·斯莫林。这次实验实现有两件事让我印象深刻。第一，没有经过实验训练的理论研究人员也能够建造出这个装置。第二，在之前的5年，我们无可挑剔的理论遭遇到的尽是蔑视，而这个实验装置却被认真对待，并成为《科学美国人》的封面故事，尽管实验还有安全漏洞，且QKD距离只有32.5厘米！

2.　最早的"严格"实验实施是在二十世纪九十年代，距离也在不断增加。最让我印象深刻的是尼古拉斯·吉辛第一次在超过几十千米的实际距离（不是在一根光纤中，通信两端仅相隔1m！）上演示了这个概念的可行性。他在1995年连接了日内瓦和尼翁，相距23千米；然后在2002年连接了日内瓦和洛桑，相距67千米。

3.　最令人印象深刻的实验当然是在中国实现的：超过2000千米的光纤"京沪干线"（中间有32个可信节点），以及著名的量子科学实验卫星"墨子号"。借助"墨子号"，2017年9月，奥地利科学院院长和中国科学院院长之间建立了安全的视频连接。

4.　最近由"墨子号"实现的、基于纠缠的QKD也给我留下极为深刻的印象，因为在此之前的所有实验中，卫星都知道密钥，但这一次卫星也不知道。

5.　瓦迪姆·马卡罗夫以及罗开广等人发起的、多次量子黑客攻击，不仅是技术上的壮举，更是想象力上的壮举。

里程碑（理论方面）：

1.　第一个理论上的里程碑是QKD的发明。尽管该协议后来被称为BB84协议，但鲜为人知的是，该协议出现在1983年，而不是1984年。

2. 第二个重要的理论里程碑是阿图尔·埃克特在1991年发明的基于纠缠的QKD。

3. 诱骗态QKD是打击量子黑客的重要一步。

4. 打击量子黑客的另一重要进展是测量设备无关的电子密钥分发（MDI-QKD）。很少有人知道MDI-QKD的基本思想早在1997年塔尔·莫尔的博士论文中就出现了。

5. 完全的MDI-QKD是一个美丽的理论想法。

潘杜若：您如何看待量子信息领域，各国之间的竞争和合作？

吉勒斯·布拉萨德：我希望我们的世界不存在竞争，我说的不仅仅是科学和技术领域。合作对社会进步更有利。在量子信息的实验方面，我感觉竞争多于合作（不仅仅是国家间的合作），但在理论追求方面却恰恰相反。这让我很高兴自己成为一个理论研究人员！

潘杜若：您对打算从事科学研究的年轻学生有哪些建议？

吉勒斯·布拉萨德：永远不要忘记好奇心驱动的基础研究的重要性，它的唯一目的是更好地了解世界。如果你的发现带来了技术进步，进而改善了人类的生活，那就更好了。但请永远记住，爱因斯坦、玻尔和其他20世纪早期的杰出人物，当时没有丝毫迹象表明他们的发现将永远改变社会。

199